EDITORIAL

GESCHICHTE UND GEGENWART

4 Edson Klemann, Genemir Raduenz, Johan Ditmar Strelow, Claudio Werling (Brasilien)
Pommern in allen Ecken Brasiliens

10 Dorothee Freudenberg (Frankfurt am Main)
Zur Geschichte der Juden in Mecklenburg

15 Petra Himstedt-Vaid (Rostock)
Der Werwolf von Spornitz. Niederdeutsche Werwolfsagen aus dem Zettelkasten von Richard Wossidlo

22 Barbara Möller (Neustrelitz)
Kalübbe, das wohl kleinste Torhaus in Mecklenburg-Vorpommern

24 Karl-Jürgen Fischer (Berlin)
Der ehemalige Dorfkrug in Plath, das letzte Giebelvorlaubenhaus in Mecklenburg

28 Christoph Wegner (Warnemünde)
Freimaurer und Logenbrüder in Warnemünde?

30 Fritz Westphal (Riechheim)
Der Gebrauchsgrafiker Dietrich Dorfstecher

33 Karl-He...
Die DEFA un... ...Vorpommern

39 Christoph Schmitt (Rostock)
Im freien Fall? Zur Situation der Volkskunde in unserem Bundesland

45 Heike Müller (Basedow)
Seenplatte

PLATTDEUTSCH

47 Horst Gädert (Lübeck)
Ut eigen Beläwen. Trüchbesinnen an de „Stunn Null", an de Tiet vör un na'n Krieg (1943–1950)

49 Uwe Schmidt (Stralsund)
De natte Büx'

49 Dieter Niebuhr (Parchim)
Mäkelborg

50 Susanne Bliemel (Banzkow)
Wat Niechs för de Lüd von gistern

51 Heidi Rakow (Rostock)
Tau'n Schaulbeginn

FÖR DE GÖREN

52 Ulrike Stern (Schwerin)
Kein Hüsung: De Muurd

VOR 100 JAHREN

55 Reno Stutz (Rostock)
Ökostrom aus Mecklenburg

FORSCHUNG

57 Im Interview:
Dr. Elke Pretzel (Neubrandenburg)

KULTUR AKTUELL

62 Andreas Neumerkel (Stralsund)
Echter „Bismarck-Hering" kommt nur aus Stralsund

64 Klaus-Peter Elsholt (Schwerin)
Ein besonderer Tag

65 Björn Berg (Dorf Mecklenburg)
Ausrüstung von Schäfer Karl-Heinz Mielke, Steinhausen

67 Dorota Makrutzki (Greifswald)
Die Akte Sidonia – Die kriminalistische Ermittlung einer Schauspielerin

69 Anna-Konstanze Schröder (Klein Zetelvitz)
Heimatforschungskrimi um die Wüstung Klappenkrug

71 Karola Stark (Ueckermünde)
Die 1. Plattdeutsche Woche in Mecklenburg-Vorpommern

73 Hartmut Schmied (Rostock)
„Die Vielfalt des Sagenerzählens in Mecklenburg-Vorpommern" wurde Immaterielles Kulturerbe

76 Sascha Koob (Bröllin)
Die Dorfresidenzen des Kulturlandbüros – Eine neue künstlerische Praxis für den ländlichen Raum

AUS DEN VEREINEN

78 Gestatten, Karola Stark, Geschäftsstellenleiterin Vorpommern
(Ueckermünde)

80 Katrin Starke (Ueckermünde)
Der KULTurSPEICHER Ueckermünde

82 Andrea Theis (Bützow)
Heimat – lost and found. Über das Weggehen, das Ankommen und das Hierbleiben

85 Cornelia Nenz (Neustrelitz)
„Von der Kreide auf Rügen, von den Feldberger Seen ..."

87 Ulrike Gisbier (Baumgarten)
Streuobst – Über Heimat, Wachstum und Zukunft. Wie die Eintragung als Immaterielles Kulturerbe die Aussichten für die Zukunft verbessert

90 André Adam (Lübeck)
Die Frühjahrstagung des MFP e. V. in Lühburg

BÜCHERTISCH

Editorial

Man glaubt es kaum, wie die Zeit vergeht! Es ist tatsächlich schon fünf Jahre her, als im Frühjahr 2017 das erste Heft des „Stier und Greif" vorlag. Wie freuten wir uns, als nach den Jahren des Hin und Her die ersten 500 Exemplare vor uns auf dem Tisch lagen. Nach dem Öffnen des Kartons waberte frischer Druckereigeruch durch den Raum. Mit einer leichten Unruhe und ein wenig Angst blätterten die Redaktionsmitglieder im Heft: Haben wir auch alle Fehler gefunden, ist der Druck der Bilder in Ordnung usw. Mit Genugtuung stellten wir fest: Alles i. O. – der Band enthält keine gravierenden „Korken".

Und schon ging es an die Vorbereitung des nächsten Heftes. Inzwischen halten Sie, liebe Leserinnen und Leser, bereits das zehnte Heft in Händen. Aus der einst überschaubaren Anzahl an Autorinnen und Autoren des Jahres 2017 ist inzwischen eine stattliche Zahl geworden. Die Auflagenhöhe stieg dank einer alljährlichen Landesförderung auf 10.000 Exemplare. Eigentlich sollte unsere Zeitschrift in jede Bibliothek, in jedes Archiv und in jedes Museum gehen. Darüber hinaus sollte sie aber auch in jedem Wartezimmer unseres Bundeslandes liegen, sei es beim Arzt oder in der öffentlichen Verwaltung. Doch dann kam Corona, und die eingeleiteten Schutzmaßnahmen untersagten das Auslegen von Zeitschriften.

Wer von Ihnen alle Hefte in seinem Bücherschrank hat, weiß, dass der „Stier und Greif" inzwischen eine kleine Schar an Stammautorinnen und -autoren besitzt. Zwei dicke Aktenordner, gefüllt mit vielen weiteren interessanten Geschichten aus Mecklenburg und Vorpommern, zeigen uns, dass der Heimatverband mit seiner Zeitschrift eine Lücke schließen konnte. Eine Lücke, die 2011 mit dem letzten Jahrgang des „Stier und Greif. Blätter zur Kultur- und Landesgeschichte in Mecklenburg-Vorpommern" entstanden war und erst 2017 wieder geschlossen wurde. Wenn auch mit veränderten Inhalten, griff der Heimatverband vor fünf Jahren bewusst auf den Namen „Stier und Greif" zurück. Denn auch die neue Zeitschrift verstand und versteht sich als populärwissenschaftliches Publikationsorgan für alle Themen der mecklenburgischen und vorpommerschen Kultur- und Landesgeschichte.

In diesem Sinne wollen wir Ihnen, liebe Leserinnen und Leser, auch in den nächsten Jahren mannigfaltige Einblicke in den reichhaltigen historischen und kulturellen Fundus unseres Bundeslandes bieten. Bleiben Sie uns auch fernerhin gewogen und empfehlen Sie uns weiter!

Dr. Reno Stutz (Redaktionsleiter)

Edson Klemann, Genemir Raduenz, Johan Ditmar Strelow, Claudio Werling

Pommern in allen Ecken Brasiliens

Die Pommern haben ihre Wurzeln rund um die Welt geschlagen, besonders in Nord- und Südamerika, aber auch in Afrika und Australien. Helmar R. Rölke hebt hervor, dass einer der wichtigsten Gründe dafür mangelnde Arbeitsplätze gewesen seien. Dieser Mangel wurde durch den Prozess der beginnenden Industrialisierung und durch die konsequente Mechanisierung der Feldarbeit in Europa angefacht. So wuchs eine ungeheure Menge von Arbeitslosen an. Die auf dem Lande weit ausgeprägte Gutsherrschaft führte zu einer starken Abhängigkeit und Unterdrückung der Landarbeiter. Die drückende Steuerlast und das Wachstum der Bevölkerung führten zu einer umfangreichen Auswanderung aus Pommern.

Der größte Traum des Pommern war, ein eigenes Stück Land zu besitzen. Die fortwährende Bewerbung des „Reichtums" der Neuen Welt, ganz besonders die weite Verbreitung des sogenannten „Büffelbriefes", der von einem Immigranten aus Breslau geschrieben wurde und an die Schlesier adressiert war und in dem die USA als ein wahres Paradies beschrieben wurden, trugen dazu bei, im Ausland ein Stück Boden zu suchen. Von diesem Brief wurden unzählige Kopien gemacht, die in den preußischen Provinzen Brandenburg und Pommern zirkulierten und die Mehrheit der „ausreisewilligen" Pommern dazu bewog, sich in Nordamerika anzusiedeln: Insgesamt zogen etwa 400 000 Immigranten in die USA und nach Kanada. Weitere Gründe für diesen Vorzug Nordamerikas waren die einfachere Reise und besseren Bedingungen, um sich im Land anzusiedeln, sowie eine schnellere kulturelle Eingewöhnung. Etwa 10 000 bis 15 000 Auswanderer kamen nach Brasilien. Hier waren es die Bundesstaaten Santa Catarina, Espírito Santo und Rio Grande do Sul, in denen sich die meisten Immigranten aus Pommern sesshaft wurden.

Pommern im Vale do Itajaí (Tal des Flusses Itajaí)

Der Großteil der Pommern in Santa Catarina siedelte sich im Distrikt Rio do Testo (heute Pomerode) und in seiner Umgebung an. In der ehemaligen Kolonie Blumenau (1850–1883) fanden die Immigranten Unterstützung dank des Organisationsgeistes von Dr. Blumenau, der verschiedene Artikel zu den Regelungen der Kolonie schrieb. Max Tavares D'Amaral bestätigt, dass seit den ersten Siedlungsjahren die Gesellschaft Blumenau & Hackradt intensiv Werbung

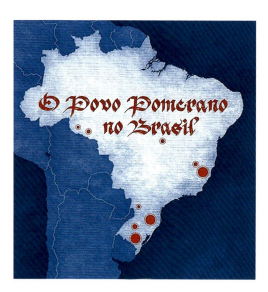

Pommersche Siedlungen in Brasilien

Schule und Kirche in Pomerode, 1871
(Foto: http://fotosantigaspomerode.blogspot.com)

Haus „Lüdke", ein typisches pommersches
Anwesen im Itajaí-Tal (Foto: Genemir Raduenz)

für die Auswanderung nach Brasilien betrieb. Zu Beginn wurden nur 17 Personen von Dr. Blumenau überzeugt, denn andere Länder wie Chile und Argentinien traten als Konkurrenten um die Anwerbung von Immigranten gegen Brasilien auf. Laut D'Amaral wurden jedoch mit der Zeit immer mehr unterschiedliche Berufsklassen – wie Zimmermänner, Apotheker, Landvermesser, Tischler, Schmiede, Tierärzte, Zigarrenproduzenten und Bauern – mit der Möglichkeit zum Gütererwerb und dem ganz besonders hohen Gut der Freiheit motiviert, ihr altes Vaterland zu verlassen.

Dr. Blumenau war kein Befürworter der Sklavenhaltung. Die Freiheit zu erhalten, war der Wunsch des pommerschen Volkes, wie auch Rölke heraushebt: „Es gibt alte germanische und dänische Schriften, die die Wenden/Pommern als gastfrei und ausdauernd beschreiben, die sich mit wenig begnügen und Freunde der Freiheit sind, außerdem hätten sie eine tiefe Beziehung zur Natur".

Arbeiter aus den verschiedensten Bereichen waren wichtig für die Gründung einer Kolonie, ebenso wie die Unterstützung der kaiserlichen Regierung. Doch in dieser Beziehung beklagte sich Dr. Blumenau sehr über die Vernachlässigung, unter der sein Unternehmen litt.

Der Immigrant jedoch verlor seinerseits keine Zeit und fällte inmitten der rauen und gefährlichen Natur die ersten mehrere 100 Jahre alten Bäume für die Konstruktion von einfachen Ställen und provisorischen Eigenheimen. Schnell wurden die ersten Lichtungen für Pflanzungen genutzt. Nach und nach wuchsen diese kleinen Flächen, und die Einwanderer aus Pommern passten sich mit relativer Leichtigkeit dank ihrer Erfahrung mit schwerer Arbeit in Pommern an. Mit der Zeit entdeckten sie die Geheimnisse ihrer neuen Heimat und lernten die einheimischen medizinischen Kräuter kennen, die das Leben derjenigen retten konnten, die von Schlangen oder Spinnen gebissen worden waren. Laut Professor Resende kochten sie Geweihe von erlegten Hirschen mit heißer Milch, strichen die Tinktur über die Wunde und zogen so das Gift aus dem Körper. Auch die Angriffe wilder Tiere auf ihr Vieh und das Geflügel stellte eine große Herausforderung dar, der sich die Pommern stellen mussten.

Allmählich bauten sie hübsche Häuser in Fachwerkbauweise, wobei die Holzkonstruktionen, Backsteine und Ziegel alle per Hand gefertigt wurden. Dies schenkte den Pommern ein würdiges Haus, anders als die armen Hütten und Häuschen, die sie auf den Gütern in Pommern bewohnt hatten. Häuser, Schulen und Kirchen entstanden in gemeinsamer Arbeit, und Rölke betont, dass diese gemeinsame Arbeitsweise in den Sozialstrukturen Pommerns gefun-

Pass des in Langkafel (Kreis Naugard/Pommern) geborenen Gottfried Grützmacher
(Archiv: Silvio Schroeder)

den werden kann. Der Kampf ums Überleben, besonders in Ostpommern, trug dazu bei, dass das Volk viele Arbeiten im Kollektiv erledigte: „Arbeiten wurden geteilt und schwierige Zeiten gemeinsam durchgestanden. Traurige Momente wurden mit den anderen geteilt, wenn man sich abends nach der Arbeit in den Häusern traf, um sich zu unterhalten […]. Sie lernten früh, dass zum Überleben einer den anderen braucht."

Die Kolonie Blumenau besaß eine relativ gute Kommunikation mit Europa, weshalb einige politische Bewegungen nach der Vereinigung Deutschlands die Region des Itajaí-Tales beeinflusst haben. Einer der Gründe für den Erfolg der Kolonie Blumenau und seiner Umgebung, so streicht D'Amaral heraus, besteht darin, dass es in diesem Gebiet von Santa Catarina keine Latifundien gab. Die Landvermesser Emil Odebrecht und August Wunderwald haben die Ländereien unter der Berücksichtigung der Einführung einer Ordnung kleiner Grundstücke vermessen. Das Ziel war, die Abkopplung der Kolonien zu erleichtern, was den Prozess der Industrialisierung im 20. Jahrhundert förderte.

Pommern in Espírito Santo

Im Bundesstaat Espírito Santo hat die Einwanderung pommerscher Siedler während etlicher Jahre unter dem Fehlen einer Planung und der notwendigen Vorbereitung gelitten. Der Autor Dr. Ivan Seibel erwähnt, dass sich der Bundesstaat Espírito Santo damals durch eine merkwürdige Geschichte der Isolation auszeichnete. Es wird erzählt, dass 1719 der damalige Gouverneur Dom Lourenço de Amada jeden Versuch verboten hätte, Straßen zwischen den Bundesstaaten Espírito Santo und Minas Gerais anzulegen. Bis zur Mitte des 19. Jahrhunderts galt der Bundesstaat Espírito Santo für viele als ein Land ohne Zukunft.

Der registrierte Misserfolg in den ersten zwei bis drei Jahrzehnten der Besiedlung durch Pommern kann vielleicht auf ein komplettes Fehlen von Planung und Vorbereitung bei der Auswahl des Migrationsprozesses zurückgeführt werden. Es gab keinerlei Programme für die Eingliederung in eine komplett andere Lebenswelt. Der deutsche Kolonist lebte unter den unwürdigsten Umständen und erfuhr eine offenkundige Benachteiligung, weil er sich sprachlich nicht verständigen konnte. Die Verwaltungssprache war Portugiesisch, und die öffentlichen Behörden nutzten die Sprachunkenntnis der Pommern auf verschiedenste Weise aus. Überhaupt erschwerte die Sprachbarriere die Kommunikation zwischen den Neuankömmlingen und den Eingesessenen ebenso wie das Verständnis für die dort bestehenden Gesetze. Dadurch liefen sie immer wieder Gefahr, von den Behörden übervorteilt zu werden. Die Immigranten gerieten in einen Prozess der sozialen Isolierung – sowohl sprachlich als auch kulturell –, was wiederum in gewisser Weise dazu beitrug, dass sich viele Gebräuche der Auswanderer aus Pommern erhielten.

Laut einigen Berichten profitierten nur die Katholiken von einer Unterstützung durch die bundesstaatlichen Behörden. Die Anwesenheit von Lutheranern war nicht erwünscht. Dieses Im-Stich-gelassen-werden führte auch in den von Pommern dominierten Gebieten zu dem Brauch, dass jeweils eine Person aus der Gemeinde dazu bestimmt wurde, Lehrer, Arzt, Hebamme oder Pastor zu sein.

Auch die Lebensumstände in der vielfach noch als Wildnis zu bezeichnenden neuen Heimat verlangten den Pommern viel ab. Im Wald ausgesetzt, waren sie völlig schutzlos, was der folgende Bericht veranschaulicht: „Sie rissen die Pflanzen mit Hilfe von Küchengeräten aus – mit Löffeln. Auf diese prekäre Weise fingen sie an zu arbeiten. Sie hatten nicht ein Werkzeug, ganz zu schweigen von Hacken oder Sicheln. So kam die Frage auf: Wie können wir das Unkraut aus den Feldern reißen? Es gab keine an-

Pommern in Espírito Santo

dere Wahl, als das Unkraut mit dem Löffel auszubuddeln."

Obendrein gab es eine große Verzögerung bei der Ansiedlung der Neuankömmlinge auf den jeweiligen Ländereien. Sie erhielten keinerlei Beratung oder Unterstützung, wie sie in dieser

Familie mit pommerschen Wurzeln in Espírito Santo (Archiv: Francisco Seibel)

neuen Umgebung arbeiten könnten. All diese Faktoren führten zu einigen Auseinandersetzungen mit den Direktoren der Kolonie, in denen die pommerschen Immigranten in Espírito Santo eine Art unterdrückender Einrichtung, ähnlich der der Feudalherren in ihrer alten Heimat, zu erkennen meinten.

Die den Auswanderern versprochenen Hilfen wurden nicht gewährt. Vielmehr sahen sie sich mit neuen Problemen konfrontiert: Seibel bestätigt, dass die ersten Immigranten der Kolonie in einem Gebiet angesiedelt wurden, das sich zwischen dem Rio Farinhas und Caramuru hinzieht. Diese Region ist stark zerklüftet, das heißt: hohe Berge, auf denen die Produktion von Jahr zu Jahr schnell abnimmt. Die Pommern, die aus einem fruchtbaren Flachland stammten, mussten nun in einer bergigen Landschaft mit nährstoffarmem Boden zurechtkommen.

All dies führte dazu, dass die Pommern in Espírito Santo in einen Prozess der Isolation gerieten. Ähnlich verhielt es sich in der Kolonie Santa Leopoldina, wo die einzelnen Landparzellen eine Größe von 25 bis 60 Hektar aufwiesen und daher Ansiedlungen weit voneinander entfernt lagen. Anders als in der Kolonie Blumenau gab es keinerlei Kriterien für die Auswahl der Migranten, die sich in dem Bundesstaat Espírito Santo ansiedeln wollten. Für Seibel ist es sehr wahrscheinlich, dass einige preußische Städte sogar dabei halfen, sich mittels Auswanderung von den ärmsten, ungebildetsten und „unerfreulichsten" Einwohnern zu befreien. Die Tumulte in den ersten Jahren der Kolonie Santa Leopoldina könnten so auch erklärt werden.

Pommern in Rio Grande do Sul

Die Kolonie São Lourenço do Sul ist die Wiege der pommerschen Immigration im Bundesstaat Rio Grande do Sul. Der Entwicklungsprozess dieser Kolonie ist in einigen Aspekten dem der Kolonie Blumenau ähnlich. Jacó Rheingantz war der Gründer dieser Kolonie, er kümmerte sich um alle Details, damit der Auswanderungsprozess ohne große Hindernisse von statten gehen konnte. Das erste Schiff erreichte die Kolonie im Januar 1858. Viele pommersche Immigranten besaßen nicht einmal das Geld, um von ihren Grundherren in Pommern bis zum Auswanderungshafen zu gelangen. Sie waren gezwungen, sich die Kosten für eine Schiffspassage finanzieren zu lassen und diese dann dem Direktor der Kolonie zurückzuzahlen. Die Schiffsfahrkarte wurde mit etwa 30 Prozent durch die kaiserliche Regierung subventioniert. Der Preis für eine Person ab zehn Jahre betrug 99 000 Réis. Kinder zwischen einem und zehn Jahre zahlten 73 300 Réis.

Nach ihrer Ankunft in der Kolonie wurden sie in Schuppen untergebracht, bis sie sich etwas Eigenes aufbauen konnten. Jede verfügbare Landparzelle besaß eine Größe von etwa 24 oder 48 Hektar. Rheingantz stellte auch die notwendigsten Mittel bereit, bis das Land bebaut war. Außerdem kümmerte er sich um die kulturelle und religiöse Entwicklung der neuen Generationen, indem er den Bau von Schulen und Kirchen unterstützte. In den ersten Jahren übernahmen von der Gemeinde ausgewählte Personen die Aufgabe des Lehrens, bis die ersten ausgebildeten Lehrer und Pastoren eintrafen.

Als Rheingantz verstarb, gab es schon 16 funktionierende Schulen in der Kolonie. Mit

Ehemaliges Haus von Heinrich Leitzke in São Lourenço do Sul (Foto: http://www.povopomerano.com.br/quem-somos.php)

Erinnerungen werden wachgehalten, 2018
(Archiv: Moyses Berndt)

Pommern aus Pomerode und Espírito Santo, 2018
(Archiv: Hilda Braun)

der Zeit wurden auch die Gebiete in der Nähe von São Lourenço von pommerschen Immigranten kolonisiert, wie Turuçu, Arroio do Padre, Morro Redondo, Canguçu und São João da Reserva.

Pommern in anderen Regionen Brasiliens

Ab dem 20. Jahrhundert fanden einige interne Migrationsbewegungen statt, die die Pommern auch in andere Regionen Brasiliens führten. Etliche Familien verließen Rio Grande do Sul in Richtung Marechal Cândido Rondon im Bundesstaat Paraná und in die umliegenden Gebiete. Andere verließen Espírito Santo in Richtung Rondônia. Von Pomerode aus suchten die Nachkommen von Immigranten neue Ländereien zur Besiedelung in der Gegend von Rio Cerro und Rio da Luz (heute Ortsteile von Jaraguá do Sul), während andere in die Region von Rio do Sul, Ibirama, Taió und andere Städte zogen. Außerdem gab es auch Nachfahren pommerscher Auswanderer im Itajaí-Tal, die in Marechal Cândido Rondon, Toledo und Maripá, alle im Bundesstaat Paraná gelegen, sesshaft wurden.

Damals wie heute gehört es zum pommerschen Wesen, für sich und seine Nachkommen eine bessere Zukunft zu suchen. Diesem Antrieb haben wir es zu verdanken, dass Pommern in den verschiedensten Regionen Brasiliens anzutreffen sind. Heutzutage gibt es einen guten kulturellen Austausch zwischen diesen Regionen. Ein Faktor, der zu dieser Integration beiträgt, ist das nationale Pommerntreffen, genannt PomerBR, das gewöhnlich alle zwei Jahre stattfindet.

Quellen- und Literaturverzeichnis:

Kerckhoff, Ervin; Schultz, Emilio; Medeiros, Rogerio: Pomerland. A saga Pomerana no Espirito Santo, Vitoria 2012.
Seibel, Ivan (Hrsg.): O povo Pomerano no Brasil, Santa Cruz do Sul 2016.

Bildnachweis:
Claudio Werling

Dorothee Freudenberg

Zur Geschichte der Juden in Mecklenburg

Auf dem Gebiet des heutigen Deutschlands siedelten sich die ersten Juden vor etwa 2000 Jahren unter römischer Herrschaft an und zwar am Rhein und an der Donau. Das älteste schriftliche Zeugnis stammt aus Köln aus dem Jahr 321, und hierauf bezieht sich das diesjährige Gedenken „1700 Jahre jüdisches Leben in Deutschland".

Der erste sichere Nachweis von Juden in Mecklenburg findet sich fast 1000 Jahre später und zwar 1266 in einer Wismarer Urkunde.

Seine Blüte erreichte das jüdische Leben in Mecklenburg in der Mitte des 19. Jahrhunderts. Fritz Reuter hat zu dieser Zeit einigen jüdischen Bewohnern seiner Heimatstadt Stavenhagen ein literarisches Denkmal gesetzt. Auch deshalb soll die Geschichte der mecklenburgischen Juden hier besonders am Beispiel der Reuterstadt Stavenhagen dargestellt werden.

Als in Mecklenburg ein Großteil der Bevölkerung der Pest zum Opfer fiel, trafen auch hier absurde Schuldzuweisungen die Juden. Es kam zu Pogromen, und Ende des 15. Jahrhunderts wurden alle Juden aus Mecklenburg vertrieben.

Erst 1679 gewährte Herzog Christian Ludwig I. Juden in Mecklenburg-Schwerin wieder das Wohnrecht. Nach dem Dreißigjährigen Krieg hoffte er auf die Wiederbelebung der verwüs-

Ostseite der wieder aufgebauten Synagoge, 2019
(Foto: Marc Oliver Rieger)

teten Städte durch jüdische Händler – und auch auf eigene Einnahmen. Wie anderswo üblich, mussten Juden für die Erlaubnis der Niederlassung und die Ausübung eines Gewerbes einen „Schutzbrief" erwerben und als „Schutzjuden" dem Landesfürsten jährliche Abgaben zahlen. Mitte des 18. Jahrhunderts wohnten etwa 200 Schutzjuden mit ihren Familien in Mecklenburg-Schwerin, die meisten in der Stadt Schwerin. Sie lebten außerhalb der Sozialordnung und kulturell abgeschieden, untereinander sprachen sie das dem Jiddischen ähnliche „Judendeutsch". Weil sie weder ein Handwerk ausüben noch Land besitzen und bestellen durften, blieben ihnen nur Handels- und Geldgeschäfte zum Lebensunterhalt. Sie durften in Städten, aber nicht in Dörfern wohnen; die Hansestädte Rostock und Wismar blieben ihnen verschlossen. Die meisten Schutzjuden wanderten als arme Hausierer mit ihrem Packen auf dem Rücken von Haus zu Haus und übers Land, nur eine schmale Mittelschicht besaß das Kapital für einen stationären Handel. Gruppen heimat- und rechtloser Juden zogen als „Betteljuden" umher, und gemäß der jüdischen Pflicht zur Wohltätigkeit wurden sie von ihren Glaubensgenossen notdürftig versorgt.

Als einer der ersten Juden Stavenhagens erwarb im Jahr 1757 Moses Levin das Privileg, sich dort niederzulassen und Handel zu treiben. Der Schutzbrief ging über seinen Sohn Isaac Moses an seinen Enkel Salomon Isaac, der Fritz Reuter als Vorbild für „Oll Moses" in „Ut mine Stromtid" diente. Salomon Isaac und seine Frau Hannchen, Reuters „Blümchen", waren Vorfahren der Verfasserin dieses Artikels.

Bereits 1764 erwarben die Stavenhagener Juden von der Stadt eine Fläche am Stadtholz und legten dort ihren Friedhof an, um gemäß den Vorschriften ihrer Religion für die ewig ungestörte Totenruhe zu sorgen.

Knapp 20 Jahre später kauften sie als ihr Gemeindehaus ein Wohnhaus mit dahinter liegendem Garten, die heutige Adresse ist Malchiner Straße 38. Im Obergeschoss richtete man die Dienstwohnung des Schächters bzw. Religionslehrers ein und im Untergeschoss einen Schulraum, der in den ersten Jahren auch als Betstube diente. 1788 beschloss die Gemeinde den

Salomon Isaac
(Foto: Fritz-Reuter-Literaturmuseum Stavenhagen)

Hannchen Isaac
(Foto: Fritz-Reuter-Literaturmuseum Stavenhagen)

Nordfassade der Synagoge, 2012
(Foto: Hans-Dieter Albrecht)

Bau einer kleinen Synagoge im Gartenbereich, und weil es dort eine Wasserquelle gab, konnte auch eine Mikwe, also ein traditionelles jüdisches Tauchbad, errichtet werden.

Unter dem Einfluss der Französischen Revolution kam es Ende des 18. Jahrhunderts auch in den deutschen Ländern zu ersten Annäherungen zwischen den bisher strikt voneinander getrennten Lebenswelten von Juden und Christen. Das Preußische Emanzipationsedikt von 1812 bescherte auch den mecklenburgischen Juden volle Bürgerrechte und damit Gewerbefreiheit, Freizügigkeit und Recht auf Eigentum. Dieser „politische Frühling" währte jedoch nur kurz, denn nach dem Wiener Kongress 1815 hoben die Landesfürsten die Emanzipationsgesetze wieder auf.

Trotzdem konnte sich in den Städten ein jüdischer Mittelstand entwickeln, und auch in Stavenhagen gab es nun eine kleine Gruppe jüdischer Händler mit eigenem Laden und Hausbesitz. Zu ihnen gehörte Salomon Isaac, der erfolgreich mit Wolle handelte.

Der wachsende Wohlstand ermöglichte der jüdischen Gemeinde Stavenhagens im Jahr 1821 den Neubau ihrer Synagoge im Hinterhof des Gemeindehauses. Nach bauhistorischen Untersuchungen der Ruine handelte es sich wie bei den Synagogen in Bützow, Hagenow, Malchow und Röbel um einen einfachen Fachwerk-Walmdach-Bau aus Eichenholz und Ziegeln mit einem Grundriss von etwa zehn mal zwölf Metern. Über dem Eingangsflur gab es eine Empore, wo die Frauen saßen, während die Männer unten im eigentlichen Synagogenraum an einzelnen Stehpulten beteten. An der Ostwand war ein Misrachfenster eingebaut, ein Rundfenster, dessen Sprossen einen Davidstern zeichnen. Unter diesem Fenster stand vermutlich ein Schrank mit den Torarollen.

In den 1830er-Jahren setzten sich auch im Großherzogtum Mecklenburg-Schwerin allmählich aufgeklärte, liberale Gedanken durch, und die Ausgrenzung und Benachteiligung der jüdischen Minderheit geriet in den Fokus. Auf jüdischer Seite stritten Reformer mit Orthodoxen um das richtige Maß der Assimilation, also der Anpassung an die christliche Mehrheitsgesellschaft. Die Reformjuden verstanden sich als jüdische Deutsche, die ihre Heimat in Deutschland gefunden hatten. Die jüdische Hoffnung auf eine Rückkehr nach Israel hatte für sie keine Bedeutung mehr, und sie suchten nach modernen Ausdrucksformen ihrer Religion. Nicht wenige Juden konvertierten damals zum Christentum, und es gab nun auch Mischehen.

Großherzog Paul Friedrich verlieh im Jahr 1839 mit dem „Statut für die allgemeinen kirchlichen Verhältnisse der israelitischen Unterthanen im Großherzogthum Mecklenburg-Schwerin" der israelitischen Landesgemeinde den Rang einer Staatskirche. Die bisher autonomen Gemeinden wählten nun einen Oberrat und dieser wiederum den Landesrabbiner. Den ersten Oberrat bildeten mit Dr. Lewis Marcus aus Schwerin, Dr. Nathan Aarons aus Güstrow, Liepmann Marcus aus Malchin und Dr. Israel Behrend aus Grevesmühlen prominente Kämpfer für die Emanzipation der Juden und die Demokratisierung des Landes.

Der erste Landesrabbiner Mecklenburg-Schwerins, Dr. Samuel Holdheim, zählt zu den maßgeblichen Vertretern der jüdischen Reform-

Rabbiner Dr. Samuel Holdheim
(Foto: wikimedia commons)

bewegung des 19. Jahrhunderts. Neben seinem Einsatz für eine bessere Schulbildung gab er dem Gottesdienst mit einer durchkomponierten Liturgie, Chorgesängen und einer Predigt auf Deutsch eine neue Ordnung, und er wünschte die Umgestaltung der Synagogen: Die beweglichen Pulte und das Podest des Vorbeters in der Raummitte sollten durch Bankreihen ersetzt werden, ausgerichtet auf eine Kanzel neben dem Toraschrein.

Die jüdischen Gemeinden Mecklenburg-Schwerins begrüßten mehrheitlich die neue Gottesdienstordnung. Viele traditionell orientierte Gemeindemitglieder hatten jedoch das Gefühl, der Boden des historischen Judentums würde ihnen unter den Füßen weggezogen.

Während seiner Amtszeit (1840–1847) besuchte der Landesrabbiner seine Gemeinden regelmäßig, und seine Berichte bezeugen eine dynamische Entwicklung in den 1840er-Jahren. In seinem ersten Bericht von 1841 lobte er die Gemeinden in Schwerin, Güstrow und Bützow für die Neugestaltung ihres Gottesdienstes, in Stavenhagen kritisierte er hingegen „argen Schlendrian, gepaart mit krassester Unwissenheit und absurden Missbräuchen des Mittelalters". Dies änderte sich rasch, denn Stavenhagen entwickelte sich zu einer der bedeutendsten jüdischen Gemeinden Mecklenburg-Schwerins der Reformzeit.

Im Februar 1842 beschloss die Gemeinde den Ausbau ihrer Synagoge und nahm dafür einen Kredit in Höhe von 500 Reichstalern Gold auf. Man errichtete eine Kanzel, stellte Bankreihen auf, gestaltete den Innenraum aufwendig, und der neue Religionslehrer sorgte für feierlichen Chorgesang. Ende 1843 begeisterte sich der Landesrabbiner für einen Stavenhagener Sabbatgottesdienst, „der mancher sehr großen auswärtigen israelitischen Gemeinde zur Ehre gereichen würde".

Das Umsetzen der Gottesdienstreformen gelang in Stavenhagen jedoch nicht ohne Widerstand. So beklagte sich der Gemeindevorstand beim Oberrat über die Brüder Jacob und Levy Josephy, die durch lautes Herumrennen in der Synagoge sowie Zwischenrufe, Schreien, Mitsingen und Vorgreifen vor den Chor die Andacht der Gemeinde störten. Der Landesrabbiner vertraute in dem Streit auf den mäßigenden Einfluss und die Vorbildfunktion von Dr. Michel Liebmann (1810–1874). Der Arzt nahm aktiv am Gemeindeleben teil und war bekannt für seine soziale Einstellung und Großzügigkeit. Fritz Reuter zeichnet seinen Freund in „Ut mine Stromtid" als „Dr. med. Soundso" und dessen Tochter Anna als „dei lütt Akzesser". Anna Liebmann konvertierte vor ihrer Hochzeit zum evangelischen Christentum. Die wegen ihrer Widerborstigkeit gerügten Brüder Jacob und Levy Josephy waren erfolgreiche Händler mit Agrarprodukten. Der volkstümliche Levy Josephy diente Fritz Reuter als Vorbild für die Figur des „Levi Josephi aus Prentzlau" in der Erzählung „Abendteuer des Entspekters Bräsig".

Die Aufbruchstimmung des Vormärz, also der Zeit vor der deutschen Nationalversammlung am 18. März 1848 in der Frankfurter Paulskirche, erfasste auch die Einwohner Stavenhagens und zwar Juden wie Christen.

Der jüdische Religionslehrer Pinkus Neustadt war gut befreundet mit Dr. Carl Christoph Grischow, der dem örtlichen Reformverein vor-

Kaufmann Levy Josephy, um 1845
(Foto: Fritz-Reuter-Literaturmuseum Stavenhagen)

stand, und zu seinen Freunden zählten auch die Familie Salomon, Fritz Reuter, die liberalen Rostocker Politiker Julius und Moritz Wiggers und August Heinrich Hoffmann von Fallersleben, der 1848 Zuflucht auf dem Gut Rudolf Müllers gefunden hatte.

Am 13. März 1848 unterschrieben 103 Stavenhagener Juden und Christen gemeinsam eine Petition an Großherzog Friedrich Franz II., in der sie umfassende demokratische Rechte und die völlige Gleichstellung aller Konfessionen forderten.

Mit Lewis Marcus, Mitglied des Schweriner Oberrats, gehörten sieben mecklenburgische Juden der Nationalversammlung in der Frankfurter Paulskirche an. Als dort im Dezember 1848 die allgemeinen Grundrechte verabschiedet wurden, hatten die Juden ihre Gleichstellung erreicht. Aber schon im Frühjahr 1849 eroberten die reaktionären Kräfte ihre Macht zurück, und im Herbst 1850 wurde in Mecklenburg-Schwerin das progressive Staatsgrundgesetz wieder kassiert. Aus selbstbewussten deutschen Staatsbürgern jüdischen Glaubens wurden wieder diskriminierte Bittsteller.

Die Restauration erfasste auch das jüdisch-religiöse Leben, und 1853 wurde mit Isidor Lüpschütz ein reaktionärer Landesrabbiner eingesetzt. Lewis Marcus und die anderen Mitglieder des Oberrats mussten zurücktreten, und Pinkus Neustadt, der vorübergehend die Funktion des Landesrabbiners innegehabt hatte, wurde des Landes verwiesen.

Nach der Bildung des Norddeutschen Bundes erhielten die mecklenburgischen Juden 1869 erneut die Freizügigkeit. Viele zogen in die größeren Städte, oft nach Berlin. Dadurch schrumpften die jüdischen Kleinstadtgemeinden. Sie gerieten in Finanznot, und das religiöse Leben stagnierte. Gleichzeitig erstarkte in ganz Deutschland der Antisemitismus.

Als die Nationalsozialisten Anfang 1933 an die Macht kamen, lebten in Mecklenburg nur noch etwa 1000 Juden. Ihre Zahl war bis Februar 1942 auf 232 geschrumpft. Bis auf wenige Ausnahmen wurden sie in Auschwitz ermordet.

Heute gehören dem Landesverband der jüdischen Gemeinden in Mecklenburg-Vorpommern ca. 1200 Juden an, die meisten kamen nach 1990 aus der ehemaligen Sowjetunion.

(Das Buch kann bei der Landeszentrale für politische Bildung in Schwerin für 10,- € bestellt werden.)

Quellen- und Literaturverzeichnis:

Buddrus, Michael; Fritzlar, Sigrid: Juden in Mecklenburg 1845–1945. Lebenswege und Schicksale. Ein Gedenkbuch, Schwerin 2019.
Bernhardt, Hans-Michael: Bewegung und Beharrung. Studien zur Emanzipationsgeschichte der Juden im Großherzogtum Mecklenburg-Schwerin 1813–1869, Hannover 1998.
Freudenberg, Dorothee: Geschichte der jüdischen Gemeinde Stavenhagen 1750–1942, hrsg. von der Landeszentrale für politische Bildung Mecklenburg-Vorpommern und dem Verein Alte Synagoge Stavenhagen e. V., Schwerin 2020.
Raatz, Gustav: Wahrheit und Dichtung in Fritz Reuters Werken. Urbilder bekannter Reuter-Gestalten, Treuchtlingen 2013.

Bildnachweis:
Dr. Dorothee Freudenberg

Petra Himstedt-Vaid

Der Werwolf von Spornitz.
Niederdeutsche Werwolfsagen aus dem Zettelkasten von Richard Wossidlo

In niederdeutschen Werwolfsagen spiegeln sich u. a. magische Elemente, Furcht, Neid und ehemalige mecklenburgische Gesellschaftsstrukturen mit Gutsbesitzern und ihren Untergebenen wider. Anhand der von Richard Wossidlo (1859–1939) gesammelten Sagen soll die Figur des Werwolfs und insbesondere die Sagen um den lahmen Müller aus Spornitz, über den erzählt wurde, dass er sich in einen Werwolf verwandeln könne, dargestellt werden.

Die Figur des Werwolfs zeigt sich in den Sagen in den nachfolgenden Ausprägungen: Einen Großteil der Werwolfsagen nimmt der hungrige Knecht ein, der sich mit Zaubermitteln heimlich in einen Werwolf verwandelt und ein Fohlen oder Kalb auffrisst und sich hinterher beklagt, dass sein Bauch so voll sei.

Weitere Sagen thematisieren den Wolfsriemen, mit dessen Hilfe sich jeder – Mann, Frau und selbst Kinder – in einen Werwolf verwandeln kann, und die Handlungen, die den Werwolf zwingen, seine menschliche Gestalt wieder anzunehmen oder ihn töten können. Dann gibt es Sagen über den Werwolf, der eine Frau anfällt. In den meisten Fällen ist es der Ehemann, der seine eigene Frau in einem Wald attackiert. Dabei warnt er sie oft noch vor, dass ein Wolf kommen und sie anfallen würde. Der Ehemann verbeißt sich in Wolfsgestalt in den roten Unterrock der Frau. Nachdem er sich zurückverwandelt hat, erkennt die Frau ihren Mann an den roten Fäden, die noch aus seinem Mund heraushängen. Dieses Sagenmotiv hat einen großen Stellenwert in der Sagenwelt in Nord- und Mitteleuropa, bei Wossidlo steht aber eher der hungrige Knecht im Vordergrund. Der Werwolf ist in den norddeutschen Sagen männlich dominiert, doch von Bedeutung sind auch Sagen, in denen sich ebenso Frauen in Werwölfe verwandeln und auf Jagd nach Fohlen und Schafen gehen.

Richard Wossidlo hat 90 Zettel zu Werwolfsagen angefertigt. Die meisten handschriftlichen Zettel stammen aus eigener Feldforschung, wenn sich Wossidlo auf seinen Forschungsreisen in den Dörfern und Städten Mecklenburgs von der Bevölkerung Sagen erzählen ließ. Auf diesen Zetteln hat Wossidlo meistens nur niederdeutsche Schlagwörter aufgeschrieben, die in wenigen Worten den Kern der Sage wiedergegeben haben. Zusätzlich hat er Metadaten wie Erzähler, Ort und Datum notiert. Einige Zettel beziehen sich auf Briefe seiner Sammelhelfer, in denen die Sagen vollständig in meist niederdeutscher Sprache festgehalten sind. Auch in diesen Fällen notierte Wossidlo nur einige Schlagwörter, da die vollständige Sage ja im Brief nachzulesen war. Nur wenige der 90 Zettel beinhalten Notizen zu exzerpierter Literatur über Sagen aus Mecklenburg. Daneben gibt es noch insgesamt 827 Zettel zu Exzerpten aus der Bibliothek Wossidlos. Diese Zettel beziehen sich auf den Werwolf im europäischen Kontext.

Alle Zettel sind Teil der Zettelsammlung von Richard Wossidlo im Wossidlo-Archiv an der

GESCHICHTE UND GEGENWART

Universität Rostock und können auch im digitalen Wossidlo-Archiv (www.wossidia.de) unter ZAW – Zettelarchiv Wossidlos B-IX-06 angesehen werden.

Die Figur des Werwolfs im Zettelkasten von Richard Wossidlo

Die Verwandlung in einen Werwolf geschieht in den von Richard Wossidlo gesammelten Sagen größtenteils durch Zaubermittel: mittels eines – auch aus anderen europäischen Regionen überlieferten – Wolfsriemens, mittels einer magischen Salbe, wie sie von den Hexenverwandlungen und der Blocksbergfahrt der Hexen her bekannt ist, oder durch Magie, die eine schadenstiftende Person von außen bewirkt.

In den meisten Sagen ist es der Wolfsriemen, mit dem sich ein Mensch für einige Stunden in einen Werwolf verwandeln konnte. „Dei Lüüd hebben 'n Wulfsreimen. Sei willen anner Lüüd allerhand Leegheiten andauhn". – „Die Leute haben einen Wolfsriemen. Sie wollen anderen Leuten allerhand Schlechtes antun". (Belsch 1903, Aufzeichner: Lehrer Ernst Pegel, Informantin: Witwe S.).

Den größten Teil der Werwolfsagen mit 21 Zetteln nimmt das Sujet „Die reichliche Mahlzeit" ein. Hier wird erzählt, dass ein Bauer, ein Knecht, ein Holzarbeiter oder ein Handwerksbursche ein Auge auf ein Fohlen oder Kalb wirft, seinen Begleiter zum Schlafen überredet, sich dann größtenteils heimlich mittels eines Riemens oder eines Sattels in einen Werwolf verwandelt und das Fohlen oder Kalb mit Haut und Haar auffrisst. Wenn er sich wieder zurückverwandelt, klagt er seinem Begleiter, dass ihm so schlecht im Magen sei. Dieser antwortet, dass das ja kein Wunder wäre, da er ja ein ganzes Fohlen aufgefressen habe.

In einer 1889/1893 in Neuhof (Kreis Ribnitz-Damgarten) aufgezeichneten Sage wird derjenige zum Werwolf, über den die Leute schon immer erzählt haben, dass er zauberkundig sei: „In Bortschen Holt hebben weck arbeitt – den enen harren se all ümmer up visier hatt, dat he zaubern künn de geiht afsids – snallt sik reimen üm – jäger sin pierd mit 'n fahlen kümmt an / he bi un frett von dat fahlen – naher as wedder trügg, un wedder minsch, segt he ‚hu wo schuddert mi'." – „Im Barther Holz haben welche gearbeitet, / Den einen haben sie schon immer in Verdacht gehabt, / dass er zaubern kann. / Er geht abseits / Schnallt sich den Riemen um / dem Jäger sein Pferd mit 'nem Fohlen kommt an / er hin und frisst von dem Fohlen – nachher wieder zurück, und wieder Mensch, er sagt: ‚Huch, wie schaudert es mich'." (Neuhof/Kreis Ribnitz-Damgarten 1889/1893, Aufzeichner: Wossidlo, Informant: Herr Wendt; Stichwörter aufgefüllt). Wenn man dann den Werwolf beim Namen nennt, muss er sich wieder zu einem Mensch verwandeln.

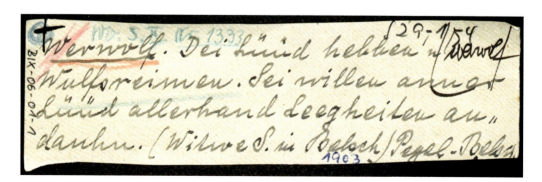

Wolfsriemen, Belsch, 1903

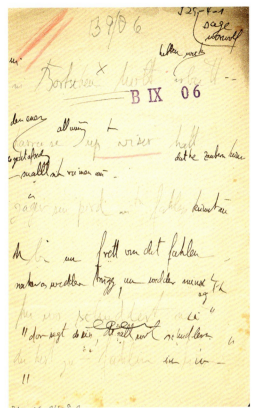 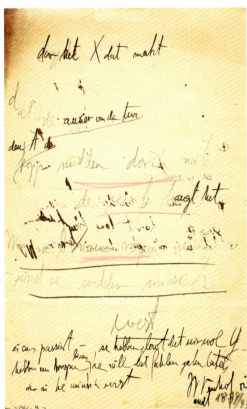

Vorder- und Rückseite einer von Richard Wossidlo aufgeschriebenen Werwolf-Sage, Neuhof, 1889/93

Der Grund für das Fressen eines Fohlens oder Kalbs ist in zahlreichen Sagen oft der Neid auf ein prächtiges Tier des Nachbarn oder die Schönheit des Fohlens. Oftmals hat der Werwolf nur vermeintlich schlechte Pferde, der Besitzer des Fohlens hat aber gute Pferde, die fohlen. Der Geschädigte konfrontiert den zurückverwandelten Werwolf mit seiner Tat und sagt ihm auf den Kopf zu, dass dem Werwolf zurecht so wohlig oder auch wieder schlecht im Bauch sei, da er ja gerade ein ganzes Fohlen gefressen habe.

Die große Verbreitung der Werwolfsagen rund um den hungrigen Knecht könnte sich dadurch erklären lassen, dass sich in einer Gesellschaft von Getreidebauern und Viehzüchtern soziale Konflikte widerspiegeln, die sich im Herdenraub und Viehdiebstahl manifestieren. Ganz reale Viehdiebstähle auf Dorfweiden oder Raub auf Wegen bis zum Anfang des 20. Jahrhunderts trugen wahrscheinlich zur Lebendigkeit des Werwolfs in Sagen bei, denn obwohl das Vieh eingezäunt wurde und die Wolfspopulation dezimiert war, hielten die Viehdiebstähle an. Da die Identifizierung der Viehdiebe schwierig war und eine Spannung zwischen Nachbarn vermieden werden sollte, konnte der Bauer dem Volksglauben und den Volkssagen nach den Werwolf mit Hilfe von Magie – Silberkugeln, Schlagen mit Stock, Verletzen, Beschimpfen oder Nennung des Namens – abwehren. Dies war einfacher, als den tatsächlichen Viehdieb zu stellen und vor Gericht zu bringen.

Es lässt sich aber auch die mecklenburgische Gesellschaftsstruktur mit adeligen Gutsbesitzern und ihren Untergebenen erkennen. Somit spiegelt sich in den Werwolfsagen der Konflikt zwischen den sozialen Klassen, Hofbesitzer und Lohnarbeiter, und die konfrontative Beziehung zwischen Gutsherrn und Bauer wider. Ein Argument gegen die gesellschaftliche Interpretation des hungrigen Knechts bildet aber die Tatsache, dass der Werwolf nur ein einziges Fohlen frisst. Viehdiebe würden nicht ein einziges, sondern gleich mehrere Tiere stehlen. Für Blécourt steht der Hunger des Werwolfs somit als Metapher für den sexuellen Hunger.

Das Motiv des hungrigen Knechts ist im ganzen Ostseeraum bekannt und könnte aus Dänemark stammen. Möglicherweise haben schwedische Soldaten diese Sage im 17. Jahrhundert während des Schwedeneinfalls in Norddeutschland erzählt.

Eine Besonderheit, die größtenteils im Ostseeraum auftritt, ist, dass es sich beim Werwolf nicht um einen verwandelten Mann handelt, sondern dass sich in vielen niederdeutschen Sagen Frauen in Werwölfe verwandeln. So wird 1894 berichtet, dass der Werwolf eine Frau gewesen sei, ein ganzes Fohlen aufgefressen und dann einen dicken Bauch habe (Woldzegarten/Ganzlin 1894, Informantin: Frau Dahl). Eine Sage aus Laupin erzählt davon, dass früher immer Tiere von der Weide gestohlen worden seien und man Wölfe dabei gesehen habe. Eines Tages nimmt eine große Anzahl von Menschen die Verfolgung auf, treibt den Wolf in die Enge: „Da lief er über das Ufer der Rögnitz, als wollte er durch das Wasser schwimmen. Als die Leute aber dorthin kamen, saß eine Frau am Ufer u. wusch ihre Füße" (Laupin 1898, Aufzeichner: Ernst Pegel). Weibliche Werwölfe gehen aber auch auf Diebestour und stehlen Schafe. Sie holen das Vieh von der Weide oder schnappen den Jägern die Beute weg. Niederdeutsche Sagen vom weiblichen Werwolf werden größtenteils von Frauen erzählt.

Die Abwehr des Werwolfes erfolgt in der Regel durch das Nennen seines Namens, wodurch man ihn zwang, sich in einen Menschen zurück zu verwandeln. In dem Motiv der Namensnennung sind Parallelen zum dreibeinigen Hasen – der Hexe in Tiergestalt –, die wieder ihre Men-

Weiblicher Werwolf, Laupin, 1898

schengestalt annehmen muss, wenn sie beim Namen gerufen wird. So auch bei der Sage über einen Arbeiter im Barther Wald, der schon immer im Verdacht stand, dass er zaubern und sich in einen Werwolf verwandeln kann, heißt es ganz allgemein: „Wenn se bi nam ropen sünd, sünd se wedder minsch" – „Wenn man sie beim Namen ruft, werden sie wieder zu einem Menschen" (Neuhof 1889/93, Informant: Herr Wendt).

Neben der Namensnennung zwingt eine blutige Wunde den Werwolf dazu, wieder seine menschliche Gestalt anzunehmen: „wenn se blautwundt würden, süllen se wedder minschen sein" – „Wenn sie blutig verwundet werden, sollen sie wieder Menschen sein" (Trebs 09.04.1914, Informant: Häusler Frahm). 1907 erzählte ein Arbeiter, dass sein Großvater aus Mölln ihm von der Verwundung eines Werwolfs erzählt habe: „sleit em dat he / Blött / dor hebben se em den / reimen afnahmen / dordörch is de kunst afkamen" – „Er schlägt ihn, dass er / blutet / da haben sie ihm / den Riemen abgenommen, / dadurch ist die Kunst vergangen" (Penzlin 1907, Informant: Arbeiter Brüggmann).

Auch ein Schuss mit einer Kugel aus Erbsilber – geerbtem Silber – kann einen Werwolf verletzen oder töten. In einer 1910 von Wossidlo aufgezeichneten Sage hat sich eine Frau einen Riemen angelegt und ist zum Wolf geworden. Der Wolf nimmt den Jägern, die einen Hasen geschossen haben, ihre Beute weg. Ein Jäger hat Erbsilber zu einer Kugel gegossen, die hat er der verwandelten Frau ans Vorderbein geschossen. Sie hat sich noch aufgerafft; als sie ins Dorf kommen, liegt sie im Bett, hat eine Wunde am Bein oder an der Hand (Penzlin 20.03.1910, Informant: Arbeiter Dammann).

Bei den von Wossidlo gesammelten niederdeutschen Sagen handelt es sich beim Werwolf größtenteils um einen Viehdieb. Betrachtet man die Erzählorte, so ist auffällig, dass Werwolfsagen dort erzählt werden, wo ein Waldgebiet in der Nähe ist und Weideland auf Wald trifft. Somit kann die reale Angst der Viehbesitzer vor den im Wald lebenden Wölfen bei der Entstehung der Sagen eine Rolle gespielt haben, auch wenn der Wolf seit dem 17. Jahrhundert in Deutschland größtenteils ausgerottet wurde. Aber einzelne Wölfe werden die generelle Angst der Viehbesitzer vor dem Wolf geschürt haben.

Verortung von Werwolf-Sagen aus der Zettelsammlung Richard Wossidlos

Werwolf von Spornitz

Der Werwolf von Spornitz

Sagen vom Werwolf wurden Wossidlo im gesamten Mecklenburg erzählt, wie die Karte in der ISEBEL-Erzähldatenbank zeigt.

Im heutigen Landkreis Ludwigslust-Parchim waren besonders die Sagen über den lahmen Müller aus Spornitz populär, der sich in einen Werwolf verwandelt haben soll (siehe Abb.). Dieser Müller muss im Streit mit seinen Nachbarn gelegen haben, denn die Motivation für die Wolfsverwandlung dürfte in den meisten Fällen Ärger oder Rache gewesen sein.

In einer 1913 aufgezeichneten Sage über den lahmen Müller aus Spornitz kommt es einem Streitkontrahenten in den Sinn, dass es sich beim Werwolf um den Müller handeln könne: Der lahme Müller hatte sich einst mit einem anderen Müller zerstritten. Dieser geht auf ein Feld, wo ihm ein Wolf begegnet. Zum Glück fällt ihm gerade noch rechtzeitig ein, dass das der lahme Müller sein könnte und ruft: „Möller, wat wisst du … Dor steiht Möller dor as Minsch" – „Müller, was willst du … Da steht der Müller als Mensch da" (Dütschow 12.07.1913, Informant: Herr Dunz).

Im Volksglauben ist die Mühle durch ihre einsame Lage außerhalb des Dorfes ein Ort für Spuk- und Hexensagen. Da ein Müller gemeinhin für unehrlich gehalten wurde, bietet seine Figur Raum für die Entstehung von Sagen.

Es wird vom lahmen Müller aus Spornitz noch erzählt, dass er sich als kleiner Junge den Riemen seines Vaters genommen und den anderen Jungs die Verwandlung gezeigt habe. Sie müssen ihn nur beim Namen nennen, dann würde er wieder zum Menschen werden: „Dor wor een lahm Möller in Spornitz de hett dat all künnt, as lütte jung hett he de anner jungens dat all wist. Wenn sin vadder den reimen ümsnallen ded, würd he wulf – he seggt, se müssten em blos bi nam nännen müsst, denn wier he wedder as minsch dor wäst" – „Da war ein lahmer Müller in Spornitz, der hat das alles gekonnt. Als kleiner Junge hat er den anderen Jungs das alles gezeigt. Wenn sein Vater den Riemen umgeschnallt hat, wurde er zum Wolf – er sagt, sie

GESCHICHTE UND GEGENWART

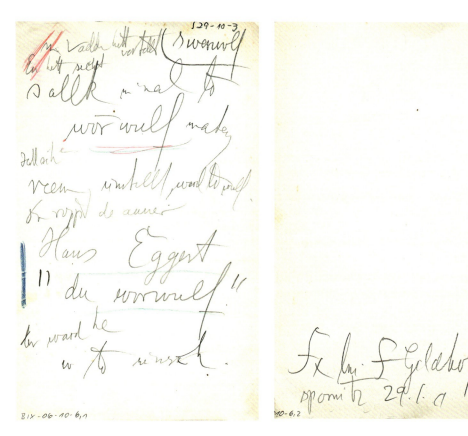

Vorder- und Rückseite einer von Richard Wossidlo aufgeschriebenen Werwolf-Sage, Spornitz, 1911

müssten ihn bloß beim Namen nennen, dann würde er wieder als Mensch da sein" (Dütschow 12.07.1913, Informant: Herr Dunz). Die Jungs vergessen in der Aufregung den Namen und müssen sich vor dem Werwolf in Sicherheit bringen. Sie klettern auf Tische und Bänke. Zum Glück kommt die Mutter nach Hause und nennt ihren Sohn beim Namen. Der Werwolf wird wieder Mensch.

In der Sage eines Werwolfs aus Spornitz ist es unklar, ob es sich um den lahmen Müller als Kind selbst handelt – das dann aber stirbt – oder aber um den Sohn, der sich von seinem Vater den Wolfsriemen genommen und sich in der Schule in einen Wolf verwandelt hat. Als Wolf beißt er dem Küster in die Beine. Der Junge wird daraufhin zur Ader gelassen und stirbt daran, d.h. die Dorfleute haben ihn ausbluten lassen (Tessin 04.10.1917, Informant: Arbeiter Klaeter).

Daneben gibt es Sagen, in denen der streitsüchtige lahme Müller nicht explizit genannt wird, sondern seine Figur eine Gleichsetzung mit anderen Werwölfen erfährt. Häusler Helmke aus Spornitz erzählte Wossidlo 1911 von seinem Großvater, den ein Werwolf beim Pferdehüten zerreißen wollte. Der Werwolf ist hier ein Mann, der sich kurz vor seiner Verwandlung mit dem Großvater gestritten habe und dann als Wolf auf ihn losgegangen sei. Der Großvater ruft dann „Jehann Hinnerk, du alter Wehrwolf", woraufhin der Wolf wieder zum Menschen wird (Spornitz 29.01.1911, Informant: Häusler Helmke).

Eine weitere Erzählerin aus Spornitz erzählte Wossidlo am selben Tag, dass ihr Vater ihr erzählt habe, dass jemand aufgefordert worden sei, sich zum Werwolf zu machen. Er schnallt sich den Riemen um. Dann ruft der andere: „‚Hans Eggert, du worwulf', dor ward he w. to minsch" – „‚Hans Eggert, du Werwolf'. Da wird er wieder zum Menschen." (Spornitz 29.01.1911, Informantin: Frau X bei Frau Geldhof).

Und auch in der folgenden Sage ist nicht ganz klar, ob eine Kombination aus dem lahmen Müller und anderen Sagenelementen stattgefunden hat, denn wieder ist von einem Sohn die Rede, der sich den Werwolfriemen seines Vaters genommen hat und dann zu Tode kommt:

„In Spornitz is een wäst, dee hett in 3 nacht 9 fahlen vertehrt. Buer hett noch einen fahlen in'n stall hatt (de annern hett he all vertehrt) de buer hett em blauwundt dor is je 'n minsch wäst. – Nahst hett de soehn sik den Reim ümsnallt, dor is he ok to 'n wulf worden, is verbrennt in Parchen (Tessin 27.03.1910, Informant: Arbeiter Klaeter)."

„In Spornitz ist einer gewesen, der hat in 3 Nächten 9 Fohlen verzehrt. Der Bauer hat noch ein Fohlen im Stall gehabt (die anderen hat er alle verzehrt). Der Bauer hat ihm eine Blutwunde zugefügt, da ist er wieder Mensch geworden. Nachher hat sich der Sohn den Riemen umgeschnallt, da ist er auch zum Wolf geworden, er wurde in Parchim verbrannt."

Deutlich wird aber neben der Namensnennung ein weiterer Punkt, um den Werwolf wieder in seine menschliche Gestalt zu zwingen, nämlich indem man ihm eine blutige Wunde zufügt.

Betrachtet man die Erzähler der Werwolfsagen aus Spornitz, so kommen sämtliche Erzähler aus Spornitz und dem Ortsteil Dütschow. Der Informant Arbeiter Klaeter aus Tessin in der Nähe von Rostock fällt ein wenig aus der Reihe, aber er ist gebürtig aus Lüblow (Ludwigslust-Parchim) und somit wohl mit den Sagen rund um den Spornitzer Werwolf aufgewachsen.

Quellen- und Literaturverzeichnis:

Blécourt, Willem de: "I would have eaten you too". Werewolf Legends in the Flemish, Dutch and German Area, in: Folklore/Folklore Society, Bd. 118, London 2007, S. 23–43.

Ders.: Werewolf Histories, Basingstoke 2015.

Himstedt-Vaid, Petra: Of Wolf-Belts, hungry Servants and tattered Skirts: The Werewolf in North German Legends, in: Blécourt, Willem de; Mencej, Mirjam (Hrsg.), Werewolf Legends, London 2021 (im Druck).

Metsvahi, Merili: Estonian werewolf legends from the island of Saaremaa, in: Priest, Hannah (Hrsg.): She-wolf: A cultural History of female Werewolves, Manchester 2015, S. 24–40.

Vähi, Tiina: Werwölfe – Viehdiebe und Räuber im Wolfspelz? Elemente des archaischen Gewohnheitsrechts in estnischen Werwolfvorstellungen, in: Blécourt, Willem de; Tuczay, Christa Agnes (Hrsg.): Tierverwandlungen. Codierungen und Diskurse, Tübingen 2011, S. 135–172.

Wolfsmenschen, in: Enzyklopädie des Märchens, Bd. 14, Berlin 2014, Sp. 975–986.

Wossidlo, Richard: Mecklenburgische Sagen. Ein Volksbuch, Bd. 2, Rostock 1939.

Bildnachweis:
Dr. Petra Himstedt-Vaid

Barbara Möller

Kalübbe, das wohl kleinste Torhaus in Mecklenburg-Vorpommern

Einige Torhäuser habe ich bereits entdeckt und darüber zwischen 2014 und 2016 in der Zeitschrift der Landsmannschaft Mecklenburg „Mein Mecklenburg" berichtet, so über die Torhäuser von Zaschendorf bei Schwerin, über das Wedendorfer bei Rehna oder über das Belliner bei Güstrow. Im Raum Neustrelitz sind es die Torhäuser Groß Flotow, Cammin, Groß Vielen, Godendorf und nun auch das Torhaus Kalübbe.

Das Gut Kalübbe liegt nordwestlich von Neubrandenburg. Es war ein „rollendes Gut", denn es wechselte im Laufe der Jahre immer wieder seine Eigentümer. Allein in der 1. Hälfte des 19. Jahrhunderts verkaufte es die Familie von Linstow 1816 an Heinrich Johann Friedrich Blanck, 1830 an Rudolph Ludwig Griesebach und 1848 an Hermann Wackerow.

Das Gutshaus Kalübbe wurde um 1820/30 erbaut. Es ist ein einfacher, breitgelagerter, zweigeschossiger Putzbau von elf Achsen über Feldsteinsockel mit ursprünglich hohem Krüppelwalmdach. Die Hoffassade hat eine Veranda und ist durch einen leicht vorgezogenen Mittelrisalit gegliedert.

Mitte des 19. Jahrhunderts wurde dann im rechten Winkel zum älteren Haupthaus ein Anbau geschaffen, der ebenfalls auf einem Feldsteinsockel steht. Verbunden sind beide Häuser durch das Torhaus, das ein Kreuzgewölbe besitzt und zu beiden Seiten mehrere Abstellräume aufweist. Das Torhaus ist keine zwei Meter hoch. Während andere Torhäuser als Durchfahrt oder Pförtnerhaus dienten oder gar bewohnt waren, war dieses Torhaus wohl wegen seiner sehr tiefen, kellerartigen Lage als Verbindung zu den beiden Häusern und als Zugang zum Park gedacht.

Unter vielen anderen wird auch der Gutsherr Maximilian Carl Jacob von Rüdiger, der im Mecklenburg-Schwerinschen Staatskalender von 1882 bis 1890 als Besitzer des Gutes ausgewiesen wird, durch dieses Torhaus spaziert sein. Der Neubrandenburger Historiker Helmut Borth berichtet in seinen „Erstaunlichen Gutshaus-Geschichten", wie Rüdiger versuchte, an Geld zu kommen. 1888 befand er sich in großer finanzieller Not, da er mit dem etwa 670 Hektar großen Gut keinen Gewinn erzielen konnte. 1890 starb er mit nur 42 Jahren. Sein Sohn übernahm ein Jahr später das Gut.

Ihm folgte der Königlich Preußische Assistenzarzt und Oberstleutnant a.D. Adolf von Griesheim (1857–1926). Griesheim war später Geschäftsführer und Teilhaber der Firma Ermen

Torhaus in Kalübbe

Blick auf das Gutshaus

& Engels im nordrhein-westfälischen Engelskirchen. 1896 übernahmen Alice und Dr. Adolf von Griesheim das wirtschaftlich nicht ertragreiche Gut. Beide waren jedoch sehr aktiv. Er züchtete Landschweine, sie amerikanische Leghorn-Hühner. Das Gut erfuhr dadurch einen gewissen Aufschwung, wodurch die Griesheims Um- und Anbauten durchführen konnten, darunter ein moderner Anbau an der linken Gutshausseite. Mit den Arbeiten wurde der bekannte Laager Architekt Paul Korff (1875–1945) beauftragt. Nach seinen Entwürfen entstanden in Kalübbe aber auch Scheunen, Stallungen und Wohnkaten.

Korffs Handschrift tragen in Mecklenburg und Vorpommern viele Geschäftshäuser, Villen, Schlösser und Gutshäuser, so z.B. in den Städten Laage, Rostock und Güstrow, aber auch in den Dörfern Bellin, Groß Vielen, Peckatel usw.

Später wurde das Kalübber Gutshaus unsachgemäß saniert und kann seither kaum bewohnt werden. Der rechte seitliche Anbau ist heute total desolat, nur der Korffsche linke Anbau hebt sich von allem anderen erfreulich ab. Das Torhaus ist zwar begehbar, befindet sich aber, wie auch der Park, in einem verwahrlosten Zustand.

Quellen- und Literaturverzeichnis:

Herzoglich Mecklenburg-Schwerinscher Staatskalender, Schwerin 1800, S. 79, 1805, S. 108.
Großherzoglich Mecklenburg-Schwerinscher Staatskalender, Schwerin 1820, S. 94, 1830, S. 95.
Borth, Hartmut: Erstaunliche Gutshaus-Geschichten. Weltgeschichte lässt sich am Beispiel eines kleinen Gutes bei Neubrandenburg erzählen, in: Nordkurier, 15.1.2018.
Onnen, Elke; Volkhardt, Ulrike (Hrsg.): Paul Korff. Ein Architektenleben, Berlin 2018.

Pocher, Dieter: Herrenhäuser und Gutsanlagen des Klassizismus im ehemaligen Großherzogtum Mecklenburg-Schwerin im Zeitraum von 1800 bis 1850, Dissertation A, Greifswald 1990.

Bildnachweis:
Barbara Möller

Nordwestansicht des ehemaligen Dorfkruges, 1958
(Foto: Landesamt für Kultur und Denkmalpflege Schwerin)

Karl-Jürgen Fischer

Der ehemalige Dorfkrug
in Plath, das letzte Giebelvorlaubenhaus in Mecklenburg

Zwischen Neubrandenburg und Woldegk befindet sich südlich der B104 westlich von Petersdorf das kleine Dorf Plath. Es wird heute noch geprägt durch seinen Anger, eine Kirche aus dem späten 15. Jahrhundert mit dem 1854 vom Baurat Buttel hinzugefügten Turm sowie alte Bauernhäuser und landwirtschaftliche Gebäude. Dem Dorf, das einmal bessere Tage erlebt hat, ist heute nicht mehr seine besondere Stellung anzusehen, die es einmal gegenüber den umliegenden Dörfern einnahm. Dies drückte sich u. a. darin aus, dass sich dort seit dem 6. Dezember 1875 für ca. 70 Jahre das Standesamt für Plath, Leppin und andere Dörfer befand.

In jenem Jahr erfuhr das Personenstandswesen im gesamten Deutschen Reich und somit auch in Mecklenburg-Strelitz, eine Neuregelung. Seither wurden u. a. nur noch die standesamtliche Eheschließung, die „Civilehe", gesetzlich anerkannt. In der Folge entstand im Jahr 1876 in Plath ein großherzoglich-strelitzsches Standesamt, dessen Zuständigkeit sich auch auf die umliegenden Nachbardörfer erstreckte. Die Einrichtung des Standesamtes gerade in Plath unterstreicht die damalige Bedeutung des alten Großbauerndorfes mit seinem Dorfkrug. Das Standesamt bestand noch bis zum Ende des Zweiten Weltkrieges und wurde danach aufgelöst.

Seinen Sitz hatte das Standesamt im alten Dorfkrug, einem Gebäude von kunsthistorischem Interesse, auf das im Folgenden eingegangen werden soll. Dieses wurde bedauerlicherweise im Jahre 1978 abgerissen. Das Gebäude verfügte am nördlichen Gebäudegiebel über einen offenen Vorbau, eine sogenannte Laube, und stellte damit eine bauliche Besonderheit in seiner Umgebung dar. Als Laube bzw. Vorlaube oder auch Vorhalle wird in der Kunstgeschichte ein überdachter Vorbau an einem Gebäude bezeichnet. Im zweiten Band des 1968 erschienenen „Dehio – Handbuch der deutschen Kunstdenkmäler" wird hierzu ausgeführt: „Ballin (Plath), Krug-Gehöft. Letztes Giebelvorlaubenhaus in Mecklenburg, Kern zweigeschossig mit Teilkübbungen, 18. Jahrhundert, später stark verändert. Beide Giebel Steilgiebel."

Laut Erich Kulke kamen „erdgeschossige Giebellauben als geschlossene Hausbaugebiete nur noch in Ostpreußen und im Gebiet der unteren Oder vor". Für das Oder-Gebiet bezog sich diese Aussage auf die Neumark, das Land Lebus und direkt an der östlichen Landesgrenze von Mecklenburg-Strelitz gelegen auf die Uckermark.

Die Vorlaubenhäuser waren Bauern- und Fischerhäuser. Darüber hinaus wurden sie wegen der überdachten Vorfahrt gern als Dorfkrug oder Schmiede genutzt.

Die Nähe zur Uckermark war sicherlich maßgebend für die Errichtung des mit einer Vorlaube ausgestatteten Krug-Gebäudes in Plath. Ein weiteres Gebäude dieser Art existierte noch im mecklenburg-strelitzschen Priepert südlich von Neustrelitz. Das Gebäude in Priepert hatte allerdings durch mehrfache bauliche Veränderungen frühzeitig seinen Status als Baudenkmal verloren.

Die Denkmalpflege war bemüht, das in Plath verbliebene Gebäude zu erhalten. Seine Bedeutung wurde durch den im „Dehio" enthaltenen Hinweis, dass es sich bei dem ehemaligen Dorfkrug in Plath um das letzte Giebelvorlaubenhaus in Mecklenburg handelt, unterstrichen. Die Lage des Krug-Gehöftes in Plath ist dem bei Georg Krüger enthaltenen Lageplan des Dorfes Plath aus dem Jahr 1834 zu entnehmen. Wie hier dargestellt, befand sich das Krug-Gebäude auf der Südseite des Angers an der Abzweigung des Landweges nach Rehberg und Hinrichshagen.

Als Zeitpunkt für die Errichtung des Krug-Gebäudes wird im „Dehio" das 18. Jahrhundert genannt. Einige bauliche Details – insbesondere die auf der Gebäudeostseite vorhandenen, über beide Geschosse durchlaufenden kräftigen Ständer bzw. Stiele – verwiesen allerdings auf eine ältere Bauweise. Es ist davon auszugehen, dass im 18. Jahrhundert schon ein Vorgängerbau existierte, der bei den weiteren Baumaßnahmen berücksichtigt wurde. Auf einen vorhandenen Krug weisen auch Ausführungen des Ortschronisten Wilhelm Feuerhake hin, wonach in den Unterlagen des Amtes Strelitz zu Hebungen des Klosters Wanzka ein Krüger in Plath bereits im Jahr 1462 genannt wird.

Das Krug-Gebäude wurde in seiner äußeren Erscheinung bestimmt durch die Zweigeschossigkeit auf der Gebäudeostseite, eine Vorlaube am Nordgiebel und eine in Verlängerung des Daches westlich angeordnete Gebäudeerweiterung, die sogenannte Kübbung. Als Vorlage hierfür könnte das von den niederdeutschen Hallenhäusern her bekannte Dreiständerhaus gedient haben.

In der zweiten Hälfte des 19. Jahrhunderts erfolgten am Krug-Gebäude bauliche Verände-

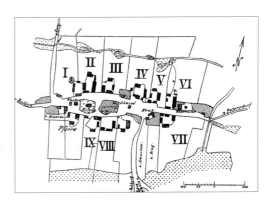

Lageplan des Dorfes, 1834 (Krüger, S. 245)

Erntedankfest (Utköst), 1933 (Foto: Carl Feuerhake)

rungen, die seine Gestalt für die kommende Zeit bestimmen sollten. Die wesentlichsten Maßnahmen waren Umbauten in Bereichen des Vorlaubengiebels und der Gebäudesüdseite sowie der Ersatz des rohr- bzw. strohgedeckten Daches durch eine einheitliche Bieberschwanzeindeckung. Typisch für diese Zeit waren die zum Einsatz gekommenen Fenster mit ihren kräftigen Kämpfern. Oberhalb der Stiele bzw. Stützen des Vorlaubengiebels blieb das horizontale Band der Andreaskreuze, die das Gebäude unverwechselbar machten, erhalten.

Beim Abbruch des Krug-Gebäudes im Jahr 1978 wurden im oberen Bereich des Giebels zwei Ziegelsteine geborgen. Auf einem Stein befand sich neben einem Monogramm die Jahreszahl 1863. Damit können die vorgenannten Arbeiten zeitlich genauer eingeordnet werden.

Die im Vorlaubengiebel vorhandenen drei Fenster verwiesen auf den dahinter befindlichen Saal im Obergeschoss, auch Tanzsaal genannt. Der Saal beeindruckte durch seine Größe von fast 50 Quadratmetern, einer Raumhöhe von ca. 3,30 Metern und den Fenstern an der Nordseite, die eine gleichmäßige Ausleuchtung des Raumes gewährleisteten. Der Krug bot von seiner Lage her mit der vorgelagerten Fläche des Angers ideale Voraussetzungen für die Erfüllung seiner Funktion als dörfliches Zentrum.

Der in den 60er-Jahren des vergangenen Jahrhunderts immer deutlicher werdende Verfall des Hauses, besonders im Bereich des Vorlaubengiebels, wurde von der Denkmalpflege zur Kenntnis genommen, konnte aber unter den Bedingungen der Planwirtschaft der DDR nicht gestoppt werden.

Vom Verfasser wurden im Jahr 1973 – die letzte Bewohnerin war zwischenzeitlich verstorben – Fotoaufnahmen und ein grobes Aufmaß angefertigt. Nach Durchsicht dieser Unterlagen wurde versucht, das Gebäude zeichnerisch zu rekonstruieren.

Über die Erbauer des Kruges ist nichts überliefert, und auch wer sich hinter dem Monogramm E B im Vorlaubengiebel verbirgt, ist nicht bekannt. Erwähnt werden soll hier der letzte Besitzer Ulrich Nowacki. Er kaufte im Jahr 1925 den damaligen Gasthof Werner. Die

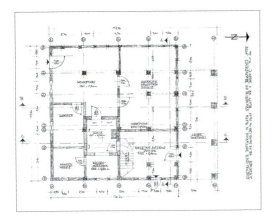

Erdgeschoss des Krug-Gebäudes, 1973

Längsschnitt mit der Wohnküche, der ehemaligen „schwarzen" Küche und dem Saal, 1973

noch auf dem Foto von 1973 sichtbaren hölzernen Stiele der Vorlaube waren zwischenzeitlich durch massive Mauerwerkspfeiler ersetzt worden. Nowacki wurde am 9. Mai 1876 in Schönlanke, Provinz Posen (heute Trczianka, Polen) geboren. Vor dem Kauf des Dorfkruges Plath war er als Gutsinspektor in Golzow, unweit von Brandenburg, tätig.

Seine Ehefrau Margarete stammte aus Neustrelitz. Aus der Ehe ging ein Sohn hervor. Nowacki übernahm neben dem Dorfkrug in Plath auch das dazugehörige Kolonialwarengeschäft. Aus seiner Zeit als Gutsinspektor verfügte er über umfangreiche landwirtschaftliche Kenntnisse. Er war im Ort angesehen, und sein Rat wurde geschätzt. So ist seine Berufung als Standesbeamter – er sollte der letzte Standesbeamte in Plath sein – nachvollziehbar. Nowacki starb 1958 im Alter von 92 Jahren. Seine Ehefrau überlebte ihn um zwölf Jahre. Nach ihrem Tod stand das Krug-Gebäude viele Jahre leer, verfiel und wurde schließlich abgebrochen. Eine Streichung aus der Denkmalliste war nicht beantragt worden.

(Der Verfasser bedankt sich für die freundliche Unterstützung bei Wilhelm Feuerhake und Wilfried Steinmüller.)

Gutsinspektor Ulrich Nowacki mit Mitarbeitern auf dem brandenburgischen Gut Golzow, um 1920

Quellen- und Literaturverzeichnis:

Dehio. Handbuch der deutschen Kunstdenkmäler. Die Bezirke Neubrandenburg, Rostock, Schwerin, Berlin 1968, S. 15.

Kulke, Erich: Die Laube als ostgermanisches Baumerkmal, unter besonderer Berücksichtigung der Bauernhöfe an der unteren Oder, München 1939, S. 105, S. 118.

Krüger, Georg: Kunst- und Geschichtsdenkmäler Mecklenburg-Strelitz, 1. Bd., 2. Abt., Neubrandenburg 1925, S. 72–81, S. 244–248.

Bildnachweis:
Karl-Jürgen Fischer

GESCHICHTE UND GEGENWART

Christoph Wegner

Freimaurer und Logenbrüder in Warnemünde?

Bei näherer Betrachtung fällt dem aufmerksamen Besucher in der Vörstuw des Warnemünder Heimatmuseums eine holzgerahmte Kachel ins Auge. Wie viele andere Keramikobjekte im Museum stammt auch sie aus England. Auf ihr befindet sich ein Text in englischer Sprache.

> „The world is in pain
> Our secrets to gain
> But still let them wonder & gaze on
> They ne'er can divine
> The word nor the sign
> Of a free & an Accepted
> MASON"

Die deutsche Übersetzung des Textes (Rudolf Ebel, 1983) ist im Internet zu finden:

> „Die Welt möchte gern
> unser Geheimnis lern'n,
> doch das soll ihr nimmer gelingen.
>
> Der Griff und das Wort
> verborgen sind dort,
> wo die Maurer die Arbeit vollbringen."

Es handelt sich hierbei um einen freimaurerischen Text. Auch die typischen Symbole der Freimaurer sind auf der Kachel zu finden: Zirkel, Winkelmaß, „allsehendes/göttliches Auge", der raue Stein, die Sonne, der Mond, Sterne und vieles mehr. Bei dem Text handelt es sich um eine etwas abgewandelte bzw. verkürzte Strophe aus einem Freimaurerlied bzw. -gedicht – „The Entered Apprentice's Song" ("Das Lied der Lehrlinge").

Wie diese (Zier-)Kachel in die Sammlung des Museums gelangte, ist leider nicht dokumentiert. Im Jahre 1987 wurde sie inventarisiert, allerdings ohne Hinweis auf Herkunft, Schenker oder Hintergrundgeschichte. Kam sie als Souvenir in den Besitz eines Warnemünders, oder war ein Warnemünder Kapitän, Kaufmann oder Hotelier Mitglied einer Freimaurerloge? Die Kachel wird es uns wohl nicht verraten. Dennoch wirft dieses Objekt die Frage auf: War Warnemünde ein Standort der Freimaurerei bzw. von Logenvereinigungen? Wir können diese Frage ganz eindeutig mit „Ja" beantworten. Denn bei weiterer Suche im Sammlungsbestand des Museums stoßen wir auf eine Anstecknadel, die der Warnemünder Georg-Dietrich Eints dem Museum 2012 geschenkt hat.

Der Schenker gab seinerzeit an, dass diese goldfarbene Anstecknadel, die an ihrer Spitze einen siebenzackigen Stern in einem Kreis zeigt, aus der Druidenloge von Warnemünde stammt.

Freimaurer-Kachel aus dem Heimatmuseum Warnemünde

In den Warnemünder Adressbüchern taucht diese Loge in keiner Ausgabe auf. Weder unter den Vereinen des Ortes noch anderswo. Aber glücklicherweisegibt es das Internet.

Bis heute existiert der Deutsche Druiden-Orden. Der Ordensarchivar Fredy Guder hat auf Anfrage bestätigt, dass in Warnemünde einst eine Loge des Druiden-Ordens existierte: Die St. Christophorus-Loge wurde am 5. Februar 1925 gegründet. Sitzungsort war das Hotel und Café Bechlin (Am Strom 108).

Aus dem Ordensarchiv geht hervor, dass die Warnemünder St. Christophorus-Loge wohl stets aus 32 Mitgliedern bestand, allerdings in wechselnder Zusammensetzung. Mitglied der Loge war auch Rektor Adolf Ahrens, der bereits am 5. November 1910 Gründungsmitglied der Rostocker Druidenloge „Fritz Reuter" war, im Übrigen zusammen mit seinem Bruder Rudolf. Auch der Besitzer des Sitzungsortes, Walter Bechlin, ist unter den Mitgliedern der St. Christophorus-Loge zu finden. Weitere Mitglieder waren:

Wilhelm Beckendorf (Restaurateur), Karl Blaudow (Kaufmann), Friedrich Böckenhauer (Bäckermeister), Willy Bohn (Stadtinspektor), Johann Börst (Wäschereibesitzer), Albert Brall (Schuhmachermeister), Willy Buckentin (Obertelegraphen-Sekretär), Hermann Buddenhagen (Seminarlehrer), Heinrich Burwitz (Kapitän), Fritz Däwel (Kaufmann), Paul Deutschmann (Geschäftsführer), August Grabow (Friseurmeister), Artur Hassmann (Klempnermeister), Friedrich Heller (Verwalter), Rudolf Hennings (Schiffsingenieur), Otto Kasdorf (Geschäftsführer der Warnemünder Bank), Fritz Kossow (Kantor und Lehrer), Heinrich Kruse (Baugeschäftsinhaber), Adolf Kuhlmann (Kaufmann), Werner Liebenberg (Restaurateur), Wilhelm Lührmann (Schlachtermeister), Paul Möller (Malermeister), Artur Musseus (Tapeziermeister), Christreich Neitzel (Juwelier), Wilhelm Nitz (Kaufmann), Rudolf Pechel (Kapitän), Walter Plessentin (Drogeriebesitzer), Johannes Ramcke (Kaufmann), Friedrich Schleuse (Schlossermeister), Theodor Schmude (Hotelbesitzer), Karl Vick (Fuhrgeschäftsinhaber), Paul Vick (Kaufmann), Otto Voye (Tischlermeister), Hermann Weber (Ober-Eisenbahnsekretär)

Siebenstrahliger Stern des Druiden-Ordens als Anstecknadel der Warnemünder St. Christophorus-Loge

Wofür stand bzw. steht der Druiden-Orden? Die Ursprünge gehen zurück in das 18. Jahrhundert, in das Zeitalter der Aufklärung. Seine Wurzeln hat der Druiden-Orden in England. Dort gründete sich die erste Druidenloge. Mit der Namensgebung „Druiden" will man nicht an die keltischen Druiden erinnern, sondern vielmehr Wissenschaft, Kunst, Weisheit und Naturverbundenheit symbolisieren. Ziel des Druiden-Ordens ist die Förderung von Humanität, Toleranz, Menschenrechten und der Freundschaft unter den Mitgliedern. Internationales Symbol der Druiden ist der siebenstrahlige Stern.

Die St. Christophorus-Loge von Warnemünde wurde, wie alle anderen Logen auch, am 1. Juli 1935 auf Verordnung der nationalsozialistischen Regierung zwangsweise aufgelöst. Während sich nach Ende des Nationalsozialismus in Westdeutschland wieder Logen gründeten, existieren bis heute in den fünf neuen Bundesländern keine Druiden-Logen. Die Warnemünde nächstgelegene und heutzutage existierende Loge ist die „Loge Zu den Sieben Türmen" in Lübeck.

Quellen- und Literaturverzeichnis:

Die Konstitutionen der Freimaurer aus dem Jahre 1723, Übersetzung von Rudolf Ebel, 1983, siehe: https://freimaurer-wiki.de/index.php/Lied_der_Lehrlinge http://www.druiden-orden.de/startseite-ddo.html

Bildnachweis:
Christoph Wegner

Fritz Westphal

Der Gebrauchsgrafiker
Dietrich Dorfstecher

Der 1933 in Kreckow bei Stettin geborene Grafiker, Briefmarken-, Gedenkmünzengestalter, Buchillustrator und Ausstellungsmacher Dietrich Dorfstecher gehörte zu den erfolgreichsten und erfahrensten Briefmarken- und Münzen-Designern Deutschlands.

Biografie

Von 1947 bis 1951 besuchte Dietrich Dorfstecher die Goethe-Oberschule in Schwerin. Dem hier lehrenden Kunstpädagogen Rudolf Gahlbeck hat er nach eigenen Angaben für seinen späteren Lebensweg viel zu verdanken. Nach dem Abitur erwarb er zunächst eine praktische Vorbildung in einem Lehrberuf, die die Kunsthochschule Berlin-Weißensee als Voraussetzung für die Zulassung zur Aufnahmeprüfung verlangte. Deshalb folgte ein Lehrjahr als Gebrauchswerber in der Landesleitung des Staatlichen Einzelhandelsunternehmens HO (Handelsorganisation) in Schwerin. 1952 nahm er dann ein Grafik-Studium an der Berliner Kunsthochschule auf, das er 1957 mit dem Diplom abschloss. Als freier Mitarbeiter im „Berliner Verlag" gestaltete er eine kleine Zeitschrift, war freischaffend auf dem Gebiet der Gestaltung von Sonderpostwertzeichen tätig und gestaltete Kulturausstellungen im In- und Ausland. Die erste Studienreise führte 1966 in die Mongolische Volksrepublik. Mehrere Auslandsreisen folgten in Verbindung mit Aufträgen der Akademie der Künste der DDR, des Zentrums für Kunstausstellungen und des Kulturministeriums.

Dietrich Dorfstecher war Mitglied im Verband Bildender Künstler der DDR, in dessen Auftrag er am Aufbau eines Plakatarchivs beteiligt war. Er gehörte auch dem Kreis Berliner Medailleure und der Deutschen Gesellschaft für Medaillenkunst an und arbeitete für diese Gesellschaft bei der Katalog- und Ausstellungsgestaltung.

Briefmarken

Bereits im Jahre 1958 konnte Dorfstecher an einem ersten Gestaltungswettbewerb für Briefmarken der Deutschen Post der DDR teilneh-

Briefmarken aus der Hand Dorfstechers (Auswahl): Stralsund 1967, Greifswald 1968, Berlin 1971, Globus 1972

men, den er mit dem Entwurf der Sondermarken zur Leipziger Frühjahrsmesse 1959 gewann. „Der Auftrag war eine Art Türöffner für mich", erinnerte er sich später. Mit insgesamt 167 nach seinen Entwürfen erschienenen Briefmarken avancierte er insbesondere in den 1960er- und 70er-Jahren zu einem der erfolgreichsten und produktivsten Briefmarkenkünstler der DDR. Dabei entwickelte er eine ganz eigene Handschrift: grafisch präzise Gestaltung in Anlehnung an technische Zeichnungen. So hat er u. a. bedeutende Bauten, Globen, alte Musikinstrumente, Landschaftsparks künstlerisch gestaltet. 1968 entwarf er für Rostock anlässlich des 750. Gründungsjubiläums der Stadt zwei Briefmarken.

Insgesamt neunmal wurde er für seine Werke mit der „Goldenen Briefmarke" ausgezeichnet.

Nach der Wende konnte Dietrich Dorfstecher nur noch einen Wettbewerb für sich entscheiden: die 2006 erschienene Sondermarke „Burganlage Burghausen". Dabei veränderte sich in den rund 50 Jahren des Schaffens seine Arbeitsweise kaum: Das Motiv wurde zunächst fotografiert und anschließend mit Stift, Pinsel oder Ölkreide aufs Papier gebracht.

Münzen

Münzen, auch Gedenk- oder Sondermünzen, werden als offizielles Zahlungsmittel geprägt. Dorfstecher war auch als Medailleur sehr erfolgreich. Bereits in der DDR wurden 15 Gedenk- und Sondermünzen nach seinen Entwürfen angefertigt, darunter 1966 die Silbermünze Gottfried Wilhelm Leibniz (20 MDN) und 1977 Otto von Guericke (10 Mark). Im wiedervereinigten Deutschland entwarf er weitere Gedenkmünzen: 2001 Katharinenkloster und Meeresmuseum Stralsund (10 DM), 2004 Nationalpark Wattenmeer (10 Euro) und 2009 Universität Leipzig (10 Euro). Herausragend waren aber zwei 100 Euro-Goldmünzen vom UNESCO-Weltkulturerbe: Klassisches Weimar 2006 und Würzburger Residenz und Hofgarten 2010.

Medaillen

Die Medaille ist eine Gedenk- oder Schauprägung, die zu besonderen Gelegenheiten gefertigt wird. Dietrich Dorfstecher entwarf u.a. die Medaille zum 450. Jahrestag des Deutschen Bauernkrieges. Die Vorderseite (avers) zeigt die Stadtansicht von Mühlhausen mit der Umschrift: Mühlhausen – Stadt des deutschen Bauernkrieges, Morgenstern und Kriegssense. Auf der Rückseite (revers) ist ein Landsknecht mit Freiheitsfahne (Inschrift „Fryheit") zu sehen, im Hintergrund eine Landschaft und die Jahreszahlen 1525 und 1975. Die Umschrift lautet: 450. JAHRESTAG DES DEUTSCHEN BAUERNKRIEGES. DEUTSCHE DEMOKRATISCHE REPUBLIK

GESCHICHTE UND GEGENWART

Vorder- und Rückseite der 100 Euro-Goldmünze „UNESCO-Welterbe Klassisches Weimar", 2006

Vorder- und Rückseite der anlässlich des 450. Jahrestages des Deutschen Bauernkrieges gefertigten Gedenkmedaille, 1975

Grafiker

Neben den Briefmarken- und Münzenmotiven gestaltete Dorfstecher u. a. 1980 das Marzahner Bezirkswappen, das 1992 vom Berliner Senat bestätigt wurde. Das Wappenschild ist durch ein silbernes „M" geteilt in Grün und Rot. Das „M" steht als Abkürzung für Marzahn. Die fünf goldenen Ähren weisen auf die landwirtschaftliche Tradition der Ortsteile hin. Die Anzahl fünf symbolisiert die fünf Ortsteile Marzahn, Biesdorf, Kaulsdorf, Mahlsdorf und Hellersdorf. Seit der Gründung des Bezirkes Hellersdorf im Jahre 1986 gehören die drei letztgenannten Ortsteile nicht mehr zu Marzahn. Durch das silberne Zahnrad wurde die industrielle Entwicklung verdeutlicht.

Buchillustrator

Durch seine gestalterische Mitarbeit an einzelnen Bänden in der Reihe „Kunstmedaille in Deutschland" (Bände 7–8, 10–13, 17) avancierten einige von ihnen zu Handbüchern. Leise und behutsam konnte er sich den inhaltlichen und gestalterischen Wünschen der Autoren anpassen und dabei sein Können und seine Erfahrungen souverän einbringen.

Der Ausstellungsmacher

Besonders wertvoll erwies sich Dorfstechers künstlerische Erfahrung auf dem Gebiet der Ausstellungsgestaltung, sodass er an mehreren großen Ausstellungen mitarbeiten konnte. Seit 1969 gestaltete er im Auftrag von Buchexport, Außenhandelsbetrieb der DDR den Nationalstand auf der Frankfurter Buchmesse. Er war Mitglied im Gestaltungskollektiv der „Kunstausstellung der DDR" 1977 und 1982. Weitere Ausstellungsgestaltungen erfolgten im In- und Ausland für die Staatlichen Museen zu Berlin sowie die Goethe Institute in Paris, Nancy, Vancouver, Sofia und in Südamerika. 1980 erhielt Dietrich Dorfstecher den Kunstpreis der DDR, der zur Anerkennung hervorragender und besonderer Leistungen sowie zur Förderung des künstlerischen Schaffens gestiftet wurde.

Aus der Zeit nach der Wende seien drei Beispiele genannt: 1995/96 „Europäische Medaillenkunst von der Renaissance bis zur Gegenwart" in Bonn, Gotha und Nürnberg, 2000 Biennale der FIDEM im Goethe-Museum Weimar, der „Weltausstellung" der zeitgenössischen Medaillenkunst, und ebenfalls 2000/01 für die Jahrhundertausstellung des Münzkabinetts Berlin zur Medaillenkunst in Deutschland, die in Gotha, Bonn und Weimar gezeigt werden konnte.

An unserem Klassentreffen im Mai 2010 in Schwerin nahm Dietrich Dorfstecher noch teil. Im darauffolgenden Jahr verstarb er mit 78 Jahren in Berlin.

Bildnachweis:
Fritz Westphal

GESCHICHTE UND GEGENWART

Karl-Heinz Steinbruch

Die DEFA und Mecklenburg-Vorpommern

Vor 75 Jahren, am 17. Mai 1946, erhielt das Leitungsgremium der DEFA durch Oberst Sergei Iwanowitsch Tulpanow von der Sowjetischen Militäradministration (SMAD) in Berlin die Lizenz zur Herstellung von Filmen aller Kategorien. Vorausgegangen war eine Beratung von Kulturfunktionären, Autoren und Regisseuren im November 1945 über einen Neuanfang des deutschen Films, die zur Gründung einer Deutschen Film-AG (DEFA) führte.

Von Anfang an entwickelte die Leitung der DEFA ein Produktionsprogramm, das den Unterhaltungsbedürfnissen der Zuschauer, deren politischer Aufklärung und der Vermittlung humanistischen, antifaschistischen Gedankengutes dienen sollte. Zur Verwirklichung dieser Ziele wurden das Studio für Wochenschau und Dokumentarfilme, die später vereinigten Studios für Kurzfilme und populärwissenschaftliche Filme und vor allem das Studio für Spielfilme gegründet. Weitere Bestandteile der DEFA waren das Studio für Trickfilme, das Studio für Synchronisation, der Außenhandel und die Zentralstelle für Filmtechnik.

Das 75jährige Jubiläum war Anlass für eine Bestandsaufnahme des Landesfilmarchivs, einem Projekt des Mecklenburg-Vorpommern Film e.V. in Wismar, inwieweit Mecklenburg-Vorpommern seinen Niederschlag im Erbe der DEFA gefunden hat. Basis für den Überblick ohne Vollständigkeitsanspruch waren Ermittlungen in den eigenen Beständen und in der Datenbank der DEFA-Stiftung. Aus Sicht des Historikers haben dabei die Dokumentarfilme einen besonders hohen Stellenwert.

Wochenschau und Dokumentarfilme

Das aus der Abteilung Wochenschau der DEFA hervorgegangene DEFA-Studio für Wochenschau und Dokumentarfilme – ein eigenständiger, der Hauptverwaltung Film im Ministerium für Kultur unterstellter Betrieb – produzierte vor allem die Wochenschau „Der Augenzeuge". Bereits vor der eigentlichen Gründung der DEFA

Titelseite des Illustrierten Filmspiegels „Aus unseren Tagen", 1950

erschien die Wochenschau erstmals am 19. Februar 1946, und bis zur Einstellung 1980 wurde nahezu jede Woche eine Ausgabe produziert. Inhaltlich wurde über aktuelle nationale und internationale politische, kulturelle und sportliche Ereignisse unter dem Slogan „Sie sehen selbst, Sie hören selbst – urteilen Sie selbst" berichtet.

Die Mitarbeiter des Studios fuhren zu Aufnahmen quer durch die Sowjetische Besatzungszone (SBZ) bzw. die Deutsche Demokratische Republik (DDR) und drehten an Ort und Stelle. Die einzelnen Ausgaben des „Augenzeugen" sind von der DEFA-Stiftung sehr tief erschlossen, was präzise Recherchen ermöglicht. Im Rahmen des Projektes „Landesfilmarchiv" wurde diese Datenbank der Stiftung zielgerichtet nach Beiträgen des „Augenzeugen" aus Mecklenburg-Vorpommern durchgearbeitet. Die gewonnenen Informationen flossen in die Findhilfsmittel des Archivs ein und bilden dort einen Umfang von bisher 517 Datensätzen, ausgedruckt auf inzwischen 115 Seiten. Mit fortschreitender Erschließung bei der Stiftung wird dieser Umfang noch zunehmen.

Insgesamt wurden in diesen 517 Ausgaben des „Augenzeugen" Berichte aus Mecklenburg(-Vorpommern) bzw. den drei Nordbezirken Neubrandenburg, Rostock und Schwerin ermittelt, wobei der Jahresanteil recht unterschiedlich war: 1958 wurde in 38 Ausgaben, 1974 in nur vier Ausgaben über Ereignisse im Norden der DDR informiert. Offensichtlich haben gelegentlich die Produzenten bei einer Fahrt in den Norden gleich für mehrere Ausgaben gedreht, wodurch es zu zeitlichen Häufungen von Berichten aus unserer Region kam.

In den Anfangsjahren nahm die Beseitigung der Kriegsschäden einen breiten Raum ein. Für die Produktionsjahre der Wochenschau kann festgestellt werden, dass regelmäßig aus landwirtschaftlichen Betrieben, der Fischerei, dem Auf- und Ausbau der Industrie, dem Aufbau der Werften und Häfen berichtet wurde, aber auch von vielen politischen Ereignissen (Demonstrationen zum 1. Mai, Ostseewochen), kulturellen Einrichtungen (Museen, Musikhochschulen, Theater) und sportlichen Wettkämpfen (Radsport [Friedensfahrt], Wassersport, Boxen und Fußball). Auch die Bedeutung als Urlaubsland zog sich bei der Berichterstattung durch all die Jahre. Es wurden auch einzelne Orte (Ferdinandshof, Dorf Mecklenburg, Rostock, Stralsund) besucht und vorgestellt.

Aus den „Augenzeugen" erfahren wir außerdem von Dreharbeiten auf dem Stettiner Bahnhof für den ersten Spielfilm der DEFA „Die Mörder sind unter uns" (Ausgabe 8/1946) und vom Eintreffen eines Drehstabes aus der Tschechoslowakischen Republik zu Filmaufnahmen auf Rügen für den Film „Reise in die Urzeit" (Ausgabe 44/1953).

Ebenso lohnt sich eine Recherche nach lokalem Material in den vom gleichen DEFA-Studio monatlich von 1966 bis 1979 produzierten „DDR-Magazin" und der „DEFA-Kinobox".

Als zentrale Produktionseinrichtung entstanden in diesem DEFA-Studio zudem zahlreiche andere dokumentarische Filme, die manchmal als Vorfilme in die Kinos kamen. Auch von diesen Filmen waren viele im Norden der DDR angesiedelt. Im Mittelpunkt standen dabei maritime Themen. Die Filme befassten sich mit:

Werften:
- „Typ IV" (1956), dem Bau eines 10.000-Tonnenschiffes auf der Warnowwerft
- „Schiffe – Kräne – Kapitäne" (1960)
- „Schweißerbrigade" (1961) über die Brigade Wasmund auf der Warnowwerft
- „Schiffbauer" (1978) über die Möglichkeiten von Werktätigen, sich schöpferisch zu betätigen und zu entwickeln
- „Die Küche" (1986) über die Großküche der Neptunwerft

Häfen:
- „Wir bauen unser Tor zur Welt" (1958)
- „Pionierjournal – Schiffe und Häfen" (1965)
- „Lotse an Bord" (1971)
- „De Goliath und sin Crew" (1984) über den Einsatz des Schwimmkranes Goliath im Rostocker Überseehafen

GESCHICHTE UND GEGENWART

Szenenfoto aus dem Dokumentarfilm von Jürgen Böttcher „Die Küche", 1986 (Progress-Foto)

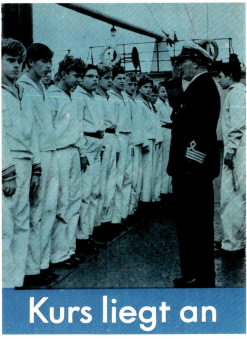

Plakat zum Dokumentarfilm „Kurs liegt an" von Trutz Meinl, 1966

Maritimes:
- „Rügenradio" (1957), die Küstenfunkstelle des Fischkombinates und der Deutschen Seereederei der DDR
- „DM-GST – Bitte melden" (1964) über die vormilitärische Ausbildung in der Gesellschaft für Sport und Technik
- „Unsere Hochseefischer" (1951) mit der Handels- und Fischfangflotte der DDR
- „Vom Alex zum Eismeer" (1954)
- „Von Wismar nach Shanghai" (1958)
- „Testfahrt zum Roten Meer" (1960)
- „Kurs liegt an – Handelsflotte" (1966)
- „Klabautermannsgeschichten" (1972)
- „18 Knoten bis Hong Kong" (1981) und mit speziellen maritimen Themen
- „Achtung Minen" (1957) über die Arbeit von Minenräumbooten der Volksmarine
- „Die Bergung der Archon Gabriel" (1958) aus Costa Rica, die 1958 nördlich von Greifswald auf Grund gelaufen war
- „Smutje Baubi" (1981) über Arbeitsabläufe auf einem Minensuch- und Räumungsschiff der Volksmarine

Zahlreiche Porträts stellten das Land, einzelne Städte, Gemeinden und Personen vor:
- „Müritz" (1950)
- „Adamshoffnung" (1964) über das Dorf im Bezirk Neubrandenburg
- „Bauernland – eine Chronik" (1960) über die dynamische Entwicklung des Dorfes Mestlin
- „Der Darß" (1967)
- „Frühling an der Müritz" (1968)
- „Jubiläum einer Stadt – 750 Jahre Rostock" (1968)
- „Essay über ein Fischweib oder Min Herzing" (1974) über eine Fischverkäuferin vom Markt in Warnemünde
- „Stralsundische Nachrichten" (1977)
- „Ludwigslust – Kulturhistorische Randnotizen" (1977)

GESCHICHTE UND GEGENWART

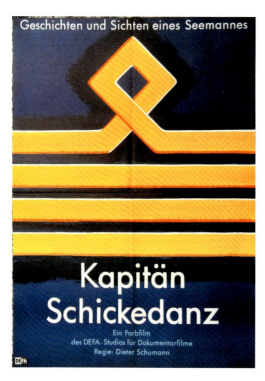

1985 drehte Dieter Schumann eine Dokumentation über den Kapitän der DDR-Handelsflotte Herbert Schickedanz.

- „Die drei Jahreszeiten" (1980) über die Bewohner des Ortes Gager auf der Insel Rügen
- „Holländer in Schwerin" (1983)
- „Das Münster zu Doberan" (1984)
- „Kapitän Schickedanz" (1985)
- „Und als ich über die Grenze kam" (1985) über den sowjetischen Hauptmann Somsonow M. Dimitrewski, der als Befreier 1945 nach Neubrandenburg und Rostock gelangte und 40 Jahre später die Städte erneut besuchte
- „Doberaner Jubiläum" (1986)
- „Die Griese Gegend im Spiegel" (1987)
- „Unterwegs im Bezirk Schwerin" (1987)
- „Ernst Barlach in Güstrow" (1987)
- „Theater" (1988) über das Stralsunder Theater
- „Bezirksporträt Neubrandenburg" (1988)
- „Solveig bläst Trompete" (1988) über die Direktorin der Agrarindustrievereinigung Banzkow
- „Selliner Fotograf" (1988) über den Fotografen Hans Knospe
- „Ribnitz-Damgarten" (1989)
- „Was du ererbt von deinen Vätern ..." (1989) über den schwierigen und im Kampf gegen manche Funktionäre vorgenommenen Ausbau des Museumshofs in Retschow
- „Dierhagen" (1991) über ein Dorf, das sich nach der Wende im Aufbruch befindet

Gesellschaftlich brisante Themen waren Filme über die Bedeutung der wissenschaftlichen Arbeitsorganisation, Leitungstätigkeit und Arbeitsmoral in Landwirtschaftlichen Produktionsgenossenschaften (LPG) und Volkseigenen Betrieben (VEB):
- zunehmender Alkoholismus: „2 x Bilanz" (1964) am Beispiel zweier LPG in Diestelow und „Abhängig" (1983) am Beispiel eines Bootsbaumeisters auf der Rostocker Neptun-Werft
- ab 1970 auch über Probleme des Umwelt- und Naturschutzes: „Die verbotenen Inseln" (1971)
- „Fischadler" (1979) und „Für die Vögel eine Jagd" (1980) über Probleme und Gegensätze bei der Durchsetzung des Landeskulturgesetzes am Beispiel zweier Vogelschutzinseln
- „An der Feissneck" (1984) über die Vogelwelt zwischen Barth und Zingst
- „Wie ein Fisch im Wasser" (1987) über das Naturschutzgebiet am Ostufer der Feissneck
- Binnenfischer der Fischereigenossenschaft (FPG) „Tollensesee" Neubrandenburg und Interessenkonflikte
- „Ostsee – ein geschütztes Meer" (1988) und „Rügen" (1989) über Versäumnisse bei der Erhaltung des ökologischen Gleichgewichts

Der einigen Funktionären wohl zu brisante Film über Jugendliche im Kinderheim von Mentin „Heim" (1978) blieb bis 1989 verboten. Dagegen konnte der Rockreport „flüstern & SCHREIEN" (1988) mit seiner realistischen Darstellung der Lebenswelt Jugendlicher in der Vorwendezeit ein breites Publikum erreichen.

Natürlich wurde in einigen Filmen die Ostseeküste als Urlaubsparadies beworben: „Glückliche Kinder" (1954) über den an die Ostsee ziehenden Kindergarten eines Stahlwerkes; „Barfuß und ohne Hut" (1964); „Urlaub? – Erholung – aber wie" (1969), wobei der letzte Film angesichts des Trubels am Ostseestrand zum Nachdenken über die Gestaltung des Urlaubs anregte.

Andere Themen spielten nur untergeordnete Rollen. Einige Male wurde der Wohnungsbau thematisiert („Ein Vertrauensmann" [1968] über den Bau von Lütten Klein; „Die Wokrenterstraße" [1985]). Besonders auffallend ist, dass die Industrie abseits des Schiffbaus und wider Erwarten die Landwirtschaft kaum eine Rolle spielten: Mit drei Jugendlichen aus dem Erdölrevier Grimmen, die über ihre Probleme und Sorgen berichten („Es genügt nicht, 18 zu sein" [1964]), ist das Thema Industrie im Binnenland schon nahezu „abgehakt". Zwar wird in manchen Filmen die Rolle der Landwirtschaft für unser Territorium behandelt („Ungewöhnliche Sommertage" [1962] über die Mühen beim Einbringen der Ernte in der Maschinen-Traktoren-Station (MTS) Stolpe auf Usedom im verregneten Sommer 1962; „Landwirtschaft in der DDR" [1976] mit Schwerpunktbericht aus Alt Schwerin), dennoch blieb gerade die Landwirtschaft als Thema bemerkenswert unterrepräsentiert.

Nicht unerwähnt sollen die von diesem Studio gedrehten Unterrichtsfilme bleiben, von denen einige in unserem Land entstanden: so etwa „Aus der Arbeit der MAS" (1950), gedreht in der Maschinen-Ausleih-Station „Fritz Reuter" in Ivenack. Der Film fand mit drei anderen Filmen Aufnahme in das erste Dokumentarfilmprogramm der DEFA: „Bau eines Loggers" (1951). Der Beitrag berichtet über den Bau des Loggers „III. Weltfestspiele" auf der Volkswerft Stralsund.

Populärwissenschaftliche Filme
Das DEFA-Studio für populärwissenschaftliche Filme war das zentrale Studio zur Herstellung von Kurzfilmen in der DDR. Es war wie das DEFA-Studio für Wochenschau und Dokumentarfilme ein wirtschaftlich selbstständiger Betrieb, ebenfalls unterstellt der Hauptverwaltung Film im Ministerium für Kultur. Das Studio für populärwissenschaftliche Filme produzierte ebenso Dokumentarfilme, die jedoch weniger propagandistisch angelegt waren. Thematisch widmeten sich die Filme:
- „Zugvögel am Müritzsee" (1950) dem Naturschutz
- „Entdeckungs-Fahrt in heimatliche Fluren" (1951) dem Besuch einer Schulklasse im Heimatmuseum Waren/Müritz
- „Heckenland" (1951) über Hecken in der Mecklenburger Landschaft
- „Fischadler" (1951)
- „Vogelzugforschung auf Hiddensee" (1953)
- „Am See der Fischadler" (1958) über das Naturschutzgebiet von Serrahn
- „Verlorenes Land" (1961) über die Aufgaben des Küstenschutzes auf dem Darß
- „Pelzträger Fuchs" (1950) über die Arbeit von Wissenschaftlern und Pelztierzüchtern der Pelztierfarm Plau
- „Seebad Heringsdorf" (1951)
- „Unsere Hochseefischer" (1951) über eine Fahrt des bereits genannten Loggers „III. Weltfest-

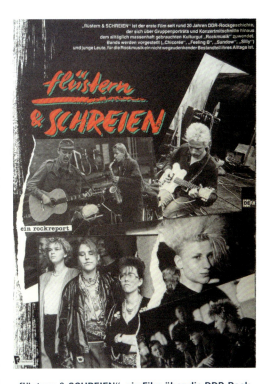

„flüstern & SCHREIEN", ein Film über die DDR-Rock-Musik der 1980er-Jahre, entstand 1985/86.

spiele" zum Fischfang zur schottischen und englischen Küste
- „Insel Riems, ein Forschungszentrum" (1953)
- „Ein Schritt weiter" (1953) über die Hilfe von „Jungen Agronomen" für Bauern einer LPG
- „Unser Rügen" (1954)
- „Stadt an der Küste" (1955) über die 700-jährige Geschichte der Hafenstadt Rostock, ihre Zerstörung im Zweiten Weltkrieg und ihren Wiederaufbau
- „Danz mit mi" (1956) über die Kindertanzgruppe „Fritz Reuter" Greifswald
- „Hiddensee" (1957)
- „Unser Hafen" (1958) über den Wismarer Hafen
- „Telegramm auf Abwegen" (1962) über die reizvolle Mecklenburgische Seenplatte
- „Brandzeichen M" (1964) über das Hengstdepot Redefin

Erhobene Zeigefinger finden wir in den Beiträgen:
- „Brandschutz ist Ernteschutz" (1950), wenn ein Prozess gegen einen Brandstifter vor der Strafkammer des Landesgerichtes Güstrow wegen Sabotage als angeblicher Agent des amerikanischen Geheimdienstes gezeigt wird
- „Schulenberger Dorfgeschichte" (1960), wo eine Pioniergruppe des Dorfes Schulenberg in einem kleinen Spiel sichtbar macht, was nüchterne Zahlen und abstrakte Begriffe des Perspektivplans der Genossenschaft bedeuten
- „Eine Kurbelwelle, ein Dieselmotor und die ‚Usedom'" (1960), wenn die schöpferische Zusammenarbeit zwischen technischer Intelligenz und Arbeitern gefordert wird
- „Der rote Wimpel" (1961), wenn ein mit einem Fahrrad verunglückter Junge von der Polizei zu einem Übungsnachmittag der „Jungen Verkehrserzieher" in Rostock gebracht wird

Als „Ausnahmen" sind die Berichte über Ausgrabungen in der Stadt Teterow „Auf den Spuren der Frühgeschichte" (1953) und über die Abschlussprüfung einer jungen Mannschaft auf einer Hochseejacht (!) der Gesellschaft für Sport und Technik (GST) „Wellen, Wind und weiße Segel" (1955) anzusehen.

Auch das Studio für populärwissenschaftliche Filme produzierte einige Unterrichts- und Berufsschulfilme in unserem Land, z.B. historische, biologische oder physikalische Betrachtungen:
- „Getreideernte früher und heute" (1959/60)
- „Die Lebensweise der Kormorane" (1962), gedreht am Strelasund
- „Schwingungen und Wellen" (1965), gedreht in Warnemünde, Stralsund und auf Usedom

Weitere Beiträge thematisierten Vorstellungen von Berufen: „Arbeiten des Seetauchers - Wracksprengung" (1952), Volkstänze: „Volkstanz I–V" (1956–1957) – alle gedreht in Wieck bei Greifswald – sowie die Arbeit im Volkseigenen Gut (VEG) Groß Lüsewitz: „Züchtungsarbeiten an Kartoffeln I–IV" (1957)) und einer ungenannten LPG „Einheit" im Bezirk Rostock: „Erzeugung von Kartoffelpflanzgut" (1960).

1969 wurde das DEFA-Studio für Wochenschau und Dokumentarfilme und das DEFA-Studio für populärwissenschaftliche Filme zum DEFA-Studio für Kurzfilme vereint, das ab 1975 als DEFA-Studio für Dokumentarfilme firmierte. 1990 in eine GmbH umgewandelt, übernahm die Treuhand das Studio und privatisierte es.

Insgesamt entstanden bei der DEFA etwa 2250 Dokumentarfilme. Diese bieten heute bei aller gebotenen Quellenkritik wichtige und oft einmalige Informationen zur Nachkriegsgeschichte des Landes Mecklenburg(-Vorpommern) und zur Geschichte der drei Nordbezirke. Nirgendwo anders gibt es einen solchen Fundus an historischem Filmmaterial zu unserem Land wie die Dokumentarfilme in der seit 1998 von der DEFA-Stiftung betreuten Hinterlassenschaft dieses Studios.

Bildnachweis:
Karl-Heinz Steinbruch

GESCHICHTE UND GEGENWART

Christoph Schmitt

Im freien Fall?
Zur Situation der Volkskunde in unserem Bundesland

Schon wieder ein Artikel zur Volkskunde? Nun, wenn ein gut besuchtes Haus einzustürzen droht, muss dringend etwas geschehen. „Wenn 't Kind versapen is, ward dei Sod taustött", lautet dazu ein Sprichwort aus Mecklenburg. (Wossidlo, Sp. 509)

Das Kind ist hier nicht nur in den Brunnen („Sod") gefallen, sondern „ersoffen" („versapen"). Bei den Holländern ist es ein Kalb: „Als 't kalf verdronken is, dempt men de put"; das Sprichwort ist in der niederländischen Malerei des 16. und 17. Jahrhunderts mehrfach bebildert worden. Ein Zweig der Volkskunde, die sogenannte Erzählforschung, sammelt und analysiert solch überlieferte Sprechweisen – bis hin zum Sprichwortgebrauch eines Barack Obama. Ohne Zweifel: Die Variante aus Mecklenburg ist am direktesten. Wer noch den Brunnen zuschütten will, nachdem sich das Kind totgefallen hat, täte es den Schildbürgern gleich.

Man sollte insofern dankbar sein, wenn eine Wissenschaft ihre bedrohte Disziplin wacker verteidigt. Im letzten Heft von „Stier und Greif" hat mein ehemaliger Kollege und langjähriger Mitarbeiter der Wossidlo-Forschungsstelle Dr. Wolfgang Steusloff eine Bilanz über die Blütezeit der hiesigen Volkskunde gezogen. Ermöglicht wurde ihre damalige Produktivität im Rahmen der Berliner Akademie der Wissenschaften, deren Institute 1991 aufgelöst wurden. So auch die Wossidlo-Forschungsstelle, die nach diesem Bruch nur notdürftig wieder auferstanden ist.

Der Kollege beschreibt vor allem den Untergang seines Spezialgebietes, der Maritimethnografie, und erzählt unumwunden, wie man diesen volkskundlichen Zweig in den Brunnen hat fallen lassen. In seinen im „Deutschen Schifffahrtsarchiv" publizierten Aufsätzen und in Monografien dokumentiert er den jüngsten Transformationsprozess an den Küsten und Binnengewässern des Landes und damit ein hochbrisantes Thema. Wolfgang Steusloff resümiert nicht nur das Ende der maritimen Volkskunde, sondern prophezeit den „praktischen Untergang" des Faches an der Universität Rostock.

Pieter Brueghel der Jüngere: Illustration des Sprichwortes „Wenn das Kalb ertrunken ist, schüttet man den Brunnen zu", Öl, 17. Jh.

Ich verfasse diesen Beitrag als seit 1999 amtierender Leiter der Wossidlo-Forschungsstelle, der das von ihm übernommene kostbare Schifflein im kommenden Frühjahr, bedingt durch Renteneintritt, übergeben wird. Ich warne nicht erst jetzt vor dem eingetretenen Szenario; ich warne vor ihm, seit ich meinen Dienst an der Universität Rostock aufgenommen habe. In Vereinen und Verbänden, in Gremien und auf Vorträgen. Auch bin ich durch einen 1998 erfolgten Abwicklungsversuch ein „gebranntes Kind"; doch ist die Volkskunde damals zum Glück nicht gefallen, weil der im März dieses Jahres verstorbene frühere Rektor Professor Günther Wildenhain seine schützende Hand über das kleine Fach hielt. Auch der damalige Bildungsminister Professor Peter Kauffold unterstützte diese Entscheidung und – schwupps – war die Volkskunde über Nacht gesichert, auch wenn es eine Interimslösung wurde. Denn schon damals wurden wir auf zwei Dauerstellen zusammengeschrumpft. Ich durfte noch drei Jahre unter den Fittichen des damaligen Leiters Professor Siegfried Neumann Arbeitsweise und Bestände der Einrichtung kennenlernen. Die Hoffnung, eine Nachfolge „im Dienst" für wenige Monate einarbeiten zu können, hat sich als irrig erwiesen.

Für das Weiterleben der Volkskunde in den neuen Bundesländern, das mit drastischen Kürzungen einherging, wurden unterschiedliche Lösungen gefunden: als außeruniversitäre Forschungsstätte (Dresden), als Einrichtung der Kultur- und Heimatpflege (Sachsen-Anhalt) oder im universitären Profil. Ich habe damals die Fahne für die Universität geschwenkt – und würde dies trotz aller Enttäuschungen wieder tun. Denn unsere altehrwürdige Alma Mater Rostochiensis verfügt bei allem Sparzwang über enorme Möglichkeiten. Nur unter ihrem Dach konnten wir viele Studierende für unsere Methoden, Inhalte und Themen begeistern. Wer meint, die Volkskunde sei eine überholte, traditionalistische „Heimatwissenschaft", die sich mit altem Plunder abmühe und noch immer „nur" Sagen, Bräuchen oder altem Handwerk verpflichtet sei (welche Felder gleichwohl weiterhin zu erforschen sind), der frage doch einmal jene Studierende – darunter viele im Land gebliebene Lehrerinnen und Lehrer –, die das Fach in den Blick nehmen durften; auch in zahllosen Exkursionen sowie per Führungen und Praktika im Wossidlo-Archiv. Überblicke ich nur meine Zahlen, wurden von mir seit 1997 in 138 Lehrveranstaltungen drei- bis viertausend Studierende der Universität Rostock erreicht und annähernd 200 Examensarbeiten betreut. Hinzu treten zahlreiche Vorträge (vielfach auch jenseits streng akademischer Profilierung) sowie die zum Alltag zählende Beantwortung von Fragen aus der Bevölkerung.

Aber „Volkskunde" ... (!), ist das nicht jene völkische Wissenschaft, die durch ihren Rassismus den Nationalsozialismus mit verursachte? Da wird dann der kleinen Volkskunde, die sich seit 1968 ernsthaft um die Aufarbeitung ihrer Fachgeschichte bemüht, aus Sicht größerer Fächer die Bürde dieser verheerenden Zeit ohne jedes Maß auferlegt. Tatsächlich predigte etwa an der Universität Greifswald ein Matthes Ziegler (studierter Germanist und Theologe) eine „Volkskunde auf rassischer Grundlage". An der Universität Rostock war die Volkskunde damals als Fach gar nicht verankert.

Beschönigt werden soll diesbezüglich nichts, aber wie wäre es, das aktuelle Fach statt mit „Volk" einmal mit „Bevölkerung" zu assoziieren? Denn die Volkskunde sucht, ein möglichst umfassendes Bild von der Lebenswelt und den Lebensweisen einer Bevölkerung zu zeichnen, d.h. von ihren sozialen Gruppierungen und Netzwerken. Sie erforscht, wie Menschen ihren Alltag in unterschiedlichen Schichten und Situationen, an verschiedenen Orten und zu verschiedenen Zeiten gestalten. Sie ist ein zutiefst interdisziplinäres Fach, das einmal diese Bezeichnung verdient.

Zentral ist für eine regionalbezogene und vergleichende Volkskunde neben ihrer Methode der Feldforschung/Ethnografie das in einem Raum (einer „Landschaft") überlieferte Wissen, Glauben und Denken. Wie lebte, was sprach und dachte die dort lebende Bevölkerung? Mit welchen symbolischen Ausdrucksmitteln

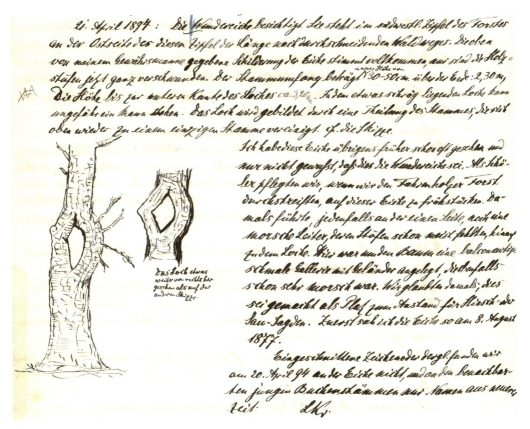

„Die Wundereiche im Fahrenholzer Holz (Krupeiche)", Aufzeichnung des Rostockers Ludwig Krause für den Volkskundler Richard Wossidlo, 1894

(Bräuchen, Riten) hat sie sich ihrer Werte versichert? Welche Geschichten hatten in welchen sozialen Gruppen einst Konjunktur, um Hoffnung zu spenden, Unerhörtes zu verarbeiten oder Unverstandenes zu erklären? Wie wurden Erfahrungen über Techniken der Feldbestellung, über den Fischfang, das Weben oder den Hausbau noch im 19. Jahrhundert weitergegeben? Wie hat man früher Häuser gebaut und bewohnt? Wie waren die Tisch- und die Kleiderordnung? Was, wie und zu welchen Gelegenheiten wurde musiziert, gesungen und getanzt? Wie nannte man die Tier- und Pflanzenwelt, wie die Fluren? Und vor allem: Wie hat sich das alles bis zur Gegenwart verändert, was ist davon übriggeblieben und was neu hinzugekommen?

Hier noch den Überblick zu behalten, kann nur durch Spezialisierung und die Zusammenarbeit mit anderen Fächern bewältigt werden. So bestellte Siegfried Neumann die Erzählforschung, von der die Sprichwörterforschung nur ein Teil ist. Es gibt wohl kaum eine Wissenschaft, die Völker mehr zusammenbringt, als die sogenannte Folkloristik, da das von ihr erforschte immaterielle Kulturerbe, darunter besonders die Erzählüberlieferung, nationale Grenzen überschreitet. Heute sammeln Folkloristen etwa auch Sprüche, Bildwitze oder moderne Sagen über Corona, und die klassische Sagenforschung wurde längst um „rumors" (Gerüchte) bzw. „Fake News" erweitert. Folkloristen werden gebraucht, wenn es um das „immaterielle Kulturerbe" geht. So habe ich seit 2013 sie-

Siegfried Neumann (Erzählforscher) und Karl Baumgarten (Hausforscher) auf einer Feldforschungsreise, 1960er-Jahre

ben Anträge für die deutsche Liste des Immateriellen Kulturerbes der UNESCO als Beitrag Mecklenburg-Vorpommerns begutachtet (Malchower Volksfest, Reetdachdecker-Handwerk,

Richard Wossidlo vor seiner Zettelsammlung in Waren (Müritz), 1934

Barther Kinderfest, Tonnenabschlagen, Weihnachtsbrauch der Knieperdackse, Stralsunder Wallensteintage, Spiel auf der diatonischen Handharmonika). Auch haben frühere Kolleginnen und Kollegen weitere Anträge begutachtet (Zeesboote, Lübecker Martensmann u. a. m.).

Die international renommierte Wossidlo-Forschungsstelle soll künftig nur noch mit einer Mittelbaustelle überleben. Nun lassen sich die Bereiche der „geistigen" und „materiellen Volkskunde" schlecht trennen, wenn etwa Requisiten wie Braut- oder Totenkronen im Kontext von Hochzeits- oder Totenbräuchen ausgestellt werden. Unsere ohnehin wissenschaftlich längst ausgezehrten volkskundlichen Museen, darunter Freilichtmuseen und Heimatstuben, werden ohne eine funktionierende Universitätsvolkskunde noch mehr verhungern, um vor allem eines erbringen zu müssen: hohe Besucherzahlen – damit das alles möglichst wenig kostet und sich selber trägt. Schon seit vielen Monaten habe ich keine „Mannschaft" (darunter waren auch Wissenschaftlerinnen) mehr an Bord und weiß daher, was dies bedeutet. Man kann dann noch schauen, ob das Schifflein gut vertäut ist. Fahrt aufnehmen kann es nicht mehr.

Sind Einzelgebiete der Volkskunde erst einmal in den Brunnen gefallen, bemerkt man dies spätestens, wenn sein Wasser versiegt ist. Ein Beispiel ist hierfür die Hausforschung. Karl Baumgarten, der die Wossidlo-Arbeitsstelle von 1959 bis 1975 leitete, erforschte das Niederdeutsche Hallenhaus, das von Umnutzung und Abriss bedroht war und noch immer ist. Diese Tradition wurde nach seinem Tod (1989) nicht mehr fortgeführt, weshalb auch das von ihm aufgebaute „Bauernhausarchiv" ein Schattendasein führt. In der Denkmalpflege sind niederdeutsche Fachhallenhäuser, die doch ebenso erhaltenswert wie Gutshäuser sind, deutlich unterrepräsentiert.

Seit 1990 hat die Rostocker Volkskunde enorme Summen vom Bund eingeworben und hierfür erfolgreich Projekte umgesetzt. Wenn ihr Stellenbesatz noch einmal halbiert werden soll, werden Fördergeber genauer hinschauen, ob ihre Gelder noch auf solide fachliche Strukturen stoßen. Um den Zettelkasten und die Ordnungsweise Wossidlos zu rekonstruieren, haben die Rostocker Universitätsdatenbänker Holger Meyer und Alf-Christian Schering wegweisend neue Präsentationstechniken (mit sogenannten Hypergraphen) erprobt. WossiDiA, das digitale Wossidlo-Archiv (siehe www.wossidia.de), stellt nicht nur deutschlandweit das erste volkskundliche Onlinearchiv dar, sondern hat sich zu einem frei nutzbaren Nachschlagewerk und Forschungsinstrument entwickelt. Und hat zur internationalen Zusammenarbeit geführt. Digitale Folklorearchive aus Dänemark und den Niederlanden, demnächst auch aus Island, Norwegen, Schweden und Finnland, haben mit dieser Technik ihre digitalen Bestände einer gemeinsamen sprachübergreifenden Suche und Auswertung zugeführt. Regionale Überlieferungen werden somit im europaweiten Kontext sichtbar gemacht – darunter auch niederdeutschsprachliche Erzählungen der Wossidlo-Sammlung.

Aus der WossiDiA-Idee ging überdies das Ortschronikenportal (www.ortschroniken-mv.de) hervor, das in Trägerschaft der „Gesellschaft zur Förderung des Wossidlo-Archivs" entwickelt wurde, sich beispiellos durch die Beteiligung lokalgeschichtlich forschender Bürgerinnen und Bürger fortentwickelt hat und nun vom Heimatverband verstetigt wird. Wir haben damit gezeigt, wie „Heimatforschung" und „hehre Wissenschaft" zusammengeführt werden können, ohne Parallelwelten zu entwickeln, auch wenn noch längst nicht alles perfekt ist.

Es ist nicht so, dass sich die Universität nicht gekümmert hätte. Abgesehen von vielen Freunden, auch über die Fakultäten hinweg, gibt es eine inzwischen eingespielte Zusammenarbeit mit der Universitätsbibliothek Rostock. Ihre Mecklenburgica-Sammlung benennt sich seit einiger Zeit nach Richard Wossidlo, dem Begründer der Volkskunde Mecklenburgs. Seither ist das „Richard-Wossidlo-Zentrum" (RWZ) für die Bestandserhaltung der volkskundlichen Sammlungen verantwortlich – eine gute Lösung, zumal auch das digitale Archiv „WossiDiA"

Dr. Christoph Schmitt, Leiter der Wossidlo-Forschungsstelle für Europäische Ethnologie und Volkskunde

in solcher Umgebung langzeitgesichert ist. Aber das RWZ weist deutlich darauf hin, dass diese Lösung nur funktioniert, wenn die volkskundlichen Bestände wie bisher fachwissenschaftlich, also seitens der Wossidlo-Forschungsstelle und damit der Volkskunde, erschlossen und weiterentwickelt werden.

Wir begrüßen es alle sehr, dass an der Universität Rostock wieder eine Professur für Landes- bzw. Regionalgeschichte eingerichtet werden soll. Aber das Versprechen, die Volkskunde unter dem neuen Dach eines „Zentrums für regionale Geschichte und Kultur" fortzuführen, hilft der Volkskunde dann nicht weiter, wenn man ihr dort nur ein Einzelzimmer, wenn auch in Nähe der Professur für Niederdeutsch, anbietet. Diese Zusammenarbeit existiert ohnehin, auch wurde unlängst ein gemeinsamer, vielversprechender Antrag zur digitalen Präsentation des „Wossidlo-Teuchert", also des siebenbändigen Mecklenburgischen Wörterbuchs, auf den Weg gebracht. Schon die von Hermann Teuchert begründete Linie Niederdeutscher Professuren beruht auf der Vorarbeit Wossidlos, der 1919 den Ruf für eine Volkskundeprofessur ablehnte, weil sie für ihn zu spät kam. Aus dieser, 1907 noch als „Heimatprofessur" beschriebenen Substanz, die im Format der akademischen Volkskunde zugleich auf weite Kreise der Lehrerschaft einwirken sollte, wurde Teucherts Lehrstuhl gestrickt.

Genau 100 Jahre später, also Ende 2019, schlug ich der Universität vor, nach meinem Ausscheiden die einzige, noch verbleibende Dauerstelle doch zu einer „kleinen" W2-Professur anzuheben, um der Volkskunde künftig mehr Augenhöhe zu verschaffen. Da dieser Vorschlag im Eckwertepapier zur Hochschulentwicklung 2021 bis 2025 als unterstützenswert fixiert wurde, hat sich die Volkskunde in vermeintlicher Sicherheit gewiegt, zumal dadurch kaum zusätzliche Kosten entstanden wären. Und – schwupps – wurde dieser Vorschlag wieder fallengelassen. Bedenkt man, dass die Leiterstelle abgesenkt werden soll, beträgt die mit der Schrumpfung der Volkskunde verbundene Einsparung wohl über 60 Prozent.

Ja, die hiesige Volkskunde befindet sich im freien Fall, der nur ein wenig abgebremst wird, wenn es bei dieser Entscheidung bleibt. „He that is fallen cannot help him that is down", lautet ein englisches Sprichwort. (Mieder, S. 148) Wer einmal tief genug gefallen ist, kann sich selber nicht mehr nach oben ziehen.

„Auf See. Kreuzfahrten kulturwissenschaftlich betrachtet" lautet der Titel eines soeben erschienenen Sammelbandes, der so schön zu Rostock gepasst hätte, jedoch am Kieler Seminar für Europäische Ethnologie/Volkskunde entstanden ist, wo das Fach seriös ausgestattet ist.

Eine Kurswende ist daher höchst angesagt. Dem Leser möchte ich Schuldzuweisungen ersparen, denn aufs Ganze gesehen handelt es sich um ein Strukturproblem. Nach der Wiedervereinigung konnte die Volkskunde trotz ihrer positiven Evaluierungen in den neuen Bundesländern niemals die institutionelle Festigkeit wie in den alten Bundesländern erreichen. Während das Fach unter teils neuen Bezeichnungen (Europäische Ethnologie, Kulturanthropologie etc.) im Westen Lehrstühle hinzugewinnen konnte, wurde außerhalb Berlins ein Lehrstuhl nur in Thüringen geschaffen. An der Universität Rostock hat die Volkskunde immerhin über 25 Jahre im Mittelbau „durchgehalten".

Über die Lehre hinaus macht sich dieses Ungleichgewicht längst auch publizistisch bemerkbar. Durchblättert man etwa den Prospekt des fachzentralen Waxmann-Verlages, freut man sich über Vielfalt und Modernität der Themen; und da sage noch jemand, die Volkskunde sei nicht gegenwartsnah oder „sexy" genug. Aber Beiträge ostdeutscher Institutionen des Faches sind hier nur ausnahmsweise zu finden, auch wenn der Nachwuchs westlicher Einrichtungen hiesige Themen verarbeitet. Der Abwärtstrend der Volkskunde, ihre Marginalisierung und Erosion in den ostdeutschen Bundesländern, hat sich 30 Jahre nach der Wiedervereinigung enorm beschleunigt und wird inzwischen in der fachzentralen „Zeitschrift für Volkskunde" heftig diskutiert. Jüngst haben sich die volkskundlichen Einrichtungen des Ostens auf einer neuen Plattform zusammengeschlossen und präsentieren ihre deutschlandweite Arbeit in einem gemeinsamen Band. Land und Universität werden sich zu dieser überregional geführten Diskussion positionieren müssen – auch nach der Wahl –, da es sich um ein Politikum handelt.

Quellen- und Literaturverzeichnis:

Dundes, Alan; Stibbe, Claudia A.: The Art of Mixing Metaphors, Helsinki 1981, S. 62, Nr. 107.

Mieder, Wolfgang: The Prentice-Hall Encyclopedia of Word Proverbs, New York 1986, S. 148, Nr. 4888.

Siebert, Stefan; Krafzik, Angelika: Das Richard-Wossidlo-Zentrum als Teil der historischen Sammlungen der Universitätsbibliothek Rostock, in: Himstedt-Vaid, Petra u.a. (Hrsg.): Von Mund zu Ohr via Archiv in die Welt, Münster/New York 2021, S. 43-50.

Sönke, Friedrich; Spieker, Ira (Hrsg.): Alltag | Kultur | Wissenschaft. Die volkskundlich-kulturwissenschaftlichen Institute und Landesstellen, Dresden 2021.

Wossidlo, Richard; Teuchert, Hermann: Mecklenburgisches Wörterbuch, Bd. 6, Berlin/Neumünster 1976, Sp. 509.

Bildnachweis:
Dr. Christoph Schmitt

Heike Müller

Seenplatte

Ich nehme dich
Unter die Pedale in den stillen Winkeln im Feldberger Land
Unter die Fittiche des Seeadlers am Malchiner See
Unter den Sattel auf dem Dressurviereck in Sommerstorf
Unter das Stechpaddel im Kajak auf dem Dahmer Kanal
Unter die Feder von Hans Fallada in Carwitz
Unter die Hände am Lenkrad des Traktors in Vipperow
Unter den Bogen der Geige im Orchester der Konzertkirche
Unter die Augen der Eule im Ivenacker Tiergarten
Unter den Schläger an Loch drei auf dem Golfplatz am Fleesensee
Unter den Mantel des Schweigens in Fünfeichen

Ich höre dich
Im Trompeten der Kraniche auf dem Acker bei Friedland
Im Hufschlag der Pferde vor der Postkutsche in Kreckow
Im Gebälk der Konzertscheune zu Ulrichshusen
Im Malmen der schwarzbunten Kälber in Gessin
Im Gesang der Rotbauchunken in einem Soll nahe Schwinkendorf
Im Gemurmel der Peene in der Benz
Im Spektakeln der Sperlinge am Pfarrhaus in Rambow
Im dumpfen Ruf der Rohrdommel im Schilf der Großen Rosin
Im Bellen des Rehbocks auf einer Lichtung bei Federow
Im Rhythmus des Ausflugsdampfers auf dem Tollensesee

Ich schmecke Dich
In den schwarzen Löchern der Makkaroni der Warener Möwe
Im samtenen Bitter der Liepener Pomeranze
Im Gelb des Benjamins aus Altentreptow
Im Grün der Bärlauchbratwurst von Torney
Im Violett der Heidelbeeren in Rottmannshagen
Im unscheinbaren Braun der Kartoffeln in Bütow
Im hellen Gold des Weines in Rattey
Im Schimmern der Welshaut in Faulenrost
Im Blond des Bieres aus Dargun
In Fritz Reuters Rotspon in Stavenhagen

Die Mecklenburgische Seenplatte – ein Naturparadies

Ich verachte Dich
In den Funklöchern, die das Gespräch mit dem Liebsten zerhacken
Im Stau nach der Fusion in Lärz
Im Blitzlichtgewitter auf der Petersdorfer Brücke

Ich sehe dich
Im Zungenschlag der Löwenköpfe der Basedower Orgel
Im Fotozyklus über Ibrahim Böhme im Kummerower Schloss
In der Drehung der Säulen an der Schmiede in Peckatel
Im Dunkel des Turmes von Burg Stargard
Im Blau des Wandbildes an der Gielower Bäckerei
Im Faltenwurf des Kleides der Königin Luise in Hohenzieritz
Im Mikado der Biberburg an der Datze
Im Glitzern der Karpfenschuppen im Müritzeum
Im schwarzen Gefieder des Amselhahns auf dem Gutshaus in Luplow
Im Glanz der Schiffspropeller in Waren

Ich ahne Dich
Im Nest der Schellente an der Feisneck
Im Flug des Kleinen Mausohrs über der Lieps
Unter der Schuhspitze der Ballerina in Neustrelitz
Auf der Scheibe der Töpferei in Sadelkow
In den Flügeln der Mühle in Woldegk
Unter dem Brückenbogen zur Liebesinsel in Mirow
Im Gelächter des Grünspechts im Lennepark Remplin
Im Geklapper der Störche auf dem Kalenschen Tor in Malchin
In der Verschwiegenheit des Jüdischen Friedhofs in Dargun
Unter den Spikes auf der Tartanbahn in Neubrandenburg

Seelenplatte?
Jeden Tag aufs Neue!

Horst Gädert

Ut eigen Beläwen. Trüchbesinnen an de „Stunn Null", an de Tiet vör un na'n Krieg (1943–1950)

Veele vun de Öllerigen hebben de Tiet vör un na de „Stunn Null", denn' Dag vun de Kapitulatschon, noch in'n Erinnern. Se hebben dunntaumalen versöcht, allens tau begriepen; tau'n Bispill: Woso sünd se up de Propaganda vun de Nationalsozialisten rinfollen? Woso hebben se allens bet tau'n Enn mitmakt? Un dann käm de Fraag: „Wat nu? Woans geiht dat nu wieder?"

De Jüngeren hebben ehre Öllern fragt: „Is Vaddern würklich 'nen övertügten Nazi west? Un hett hei sik deswägen friewillig 1939 tau'n Kriegsinsatz meldt, wiel wi Düütschen ‚Ein Volk ohne Raum' wiern?" De Fomiliengeschicht in Kortfatung:

De Verfater vun dissen Verteller is 1934 as Söhn ut ein oll Bierbruger-, Buernkraug- un Ackerbörgerfomilie in Grewsmöhlen burn un upwussen. Vadder wier Reichsangestellter bi'n Finanzamt un all fräuh bi de SA (Sturmabteilung) vun de NSDAP (Nationalsozialistische Deutsche Arbeiterpartei) dorbi. Mudder käm ut ein Iesenbahnerfomilie ut Warnow bi Bützow, harr bi KAISER'S Kaffee in Güstrow lihrt un is as Filialleiterin na Grewsmöhlen kamen. Se hebben friegt. Ümgangsspraak bi de Öllern wier Plattdüütsch; mit de Kinner würr blot Hochdüütsch spraken. De Grund, mit de Kinner bet tau ehr Inschaulung hochdüütsch tau spräken, käm vun Vaddersiet. 'Ne Episod ut siene Kindheit hett dat utlöst un is bi em hackenbläwen. De Anlass wier as folgt:

Hei sull för siene Mudder ut'n Laden Wull köpen un würr mit'n Updrag losschickt: „Hier hest du einen Wullfaden un vun de Sort un Farw köffst du twei Klugen för mi in!" – He wull aver giern up „hochdüütsch" inköpen un hett up'n Henwech ümmer överleggt, wat „Klugen" woll up hochdüütsch heiten künn? In'n Laden hett hei dann seggt: „Zwei Klauken von dieser Wolle, bitte!" De Verköper hett sik för Lachen nich inkrägen: „Ach so, du meinst ‚Knäule', ja die kannst du kriegen." Vadder vertellte, dat hei sick dunnmals so schamt hett un dat hei later siene Kinner sowat ersporn wull.

1936 Husbu in de Grewsmöhlener Fritz-Reuter-Straat. De vier Kinner, in de Johren twüschen 1930 un 1939 born, würrn in'n „Nationalsozialistischen Sinn" ertrocken. So käm de Autor vun dissen Verteller as friewillig Nägenjöhriger (zehn Johr wier Plicht) begeistert tau dat Jungvolk, de Pimpfen, vun de Hitler-Jugend (HJ).

Tweimal in de Woch Dienst, Antreten in Uniform, Meldung an denn' Fähnleinführer, Stillgestanden, Abmarsch tau'n Sportplatz, Fanfarenzug (FZ) vörwech, Äuwungen tau Wehrertüchtigten un Erziehung der Jugend. De gröttste Wunsch wier, heel vörn bi'n Fanfarentog mittaumaken. 1944 wier't sowiet, hei kräg 'ne Fanfar un dörfte vöraf mitmaschieren.

Jo, mitmaken möten de Bläser vun'n FZ ok, as in de Tiet de Flüchtlingstrecks ut'n Osten in de Stadt ankamen sünd. Dor müssten Trompetensignale afgäben warrn, dormit sik de Helpers in de Sammelstellen infinnen können; dat Enn vun'n Krieg käm näger. Narichten vun utlännisch' Radiosender würrn afhürt: Wur steiht de

Front? Wiewiet sünd de Russen? Kaamt tauierst de Amerikaner, Inglänner orrer de Russen? De ankünnigten „Wunderwaffen des Führers" kämen nich mihr tau'n Insatz. De Dienst bi't Jungvolk würr instellt. De Feldpost-Korden vun Vaddern ut Russland bläwen ut.

De Unsäkerheit, wecke vun de later' Siegermächten tauierst dor wieren, wuss an. Veele Familien packten ehre Saken un af güngt gen Westen, um nich de Russen in de Hänn tau fallen. Mudder wull hierbliewen un aftäuwen. Ut Vörsicht hett se all Akten mit'n Hakenkrüüz, ok ehr Mudderkrüüz un denn' Nawies över'n „Arierafstammung", entsorgt. De Jungvolkuniform mit Fanfar hett de Jung in'n Goorn verbuddelt.

Na' ne kort' Besettung vun Amerikaner un Inglänner kämen dörch denn' beslottenen Gebietsaustausch de Russen. Up Wiesung vun de niegen Behörden müsst de Fomilie (mit Nazi-Vergangenheit) dat Hus verlaten, wiel Platz för de Utsiedler ut'n Sudetenlann brukt würr.

Vadderbrauder Richard käm mit'n Pierdgespann un Rullwagen, dat Nödigst't würr uplåden un af güngt't tau'n Ackerbörger-Stammhoff vun de Fomilie, de aver all överbeleggt wier, wiel Vaddersüster Marta, utbombt in Hamborg, mit vier Kinner dor Notunnerkunft krägen harr. Slaplager up'n Heubodden würrn inricht't, allens rückte tauhop.1946 käm Vaddern ut de russische Gefangenschaft trüch; hei müsst as fräuherer Nazi bi Raiffeisen as Arbeider up'n Kurnbodden anfangen. Na sien „Entnazifizierung" in Swerin künn hei as Lagerbaukhöller bi'n Kurnspieker wiedermaken. Hei kräg dat trecht, dat de Fomilie in twei Rüüm wedder in't Hus in de Reuterstraat intrecken künn.

1946 würrn de demokratschen Parteien un Organisatschonen ok in Grewsmöhlen aktiv. För de jungen Lüüd würrn Anlopstellen inricht't; dor kunn man sik drapen, dor gäv dat Bäuker uttauleihen, Dischtennis spälen, Gitarrenspälen lihren un in'n Chor mitsingen; dat allens hett de Freie Deutsche Jugend (FDJ) organiseert. De Jung hett sik 1947 as Mitglied indragen laten, hei wull denn' niegen Wech mitgahn un hett bi'n Jugendchor un Spälschar bi Upführungen in de Stadt un in de ümliggenden Dörper mitwirkt.

As dat dorüm güng, as dat mit de Utbillung vun denn' Jungen nu wiedergahn süll, hett Vaddern seggt: „Mak de Schaul tau Enn un gah ierstmal up'n Bu in de Lihr; allens liggt in'n Dutt un mööt wedder upbugt warrn; dor hest Du later gaude Utsichten; studiern kannst Du dann later noch achteran!"

De Jung hett dissen Raatslag annahmen un is 1950 as Timmermannslihrling bi'n Bubetrieb anfungen. An'n iersten Dag vun de Utbildung fragte de Pulier: „Kannst Du Platt? Hier, up'n Bu ward Platt snackt!" „Jo, Pulier, ick bün mit Plattdüütsch upwussen!", wier de Antwurd vun denn' Jungkierl.

De Jung hett in de drei folgend' Johren nich blot dat Timmererhandwark, sünnern ok noch vullstännig de nedderdüütsche Plattsprak in all ehr Fienheiten, vermengeliert mit de up'n Bu eigen Wöör, bibögt krägen.

Uwe Schmidt

De natte Büx'

Dat hett sick so üm nägenteihnhunnertsöbentig todragen: Ick wier dormals een Schooljung' un läwte mit mien' Mudder un Grotöllern in Frälann (Maekelborg-Strelitz). Miene Grotöllern schnackten väl Platt un hemm' sick sogor üm eenzelne Würd' sträden, obwohl se beid' ut Mäkelborg-Strelitz (Zwenzow un Mirow) wier'n. Doran süht man, dat Platt nich gliek Platt is!

Na, nu will ick man langsam to de Geschicht kamen: De Winter wier'n jo dunnmals noch weck, Ies un Schnee normal. Up jeden Fall wier de Möhlendiek in Frälann in diss' Johr mit Ies bedeckt. Dat Schlittschohlopen wier ümmer een Vergnögen för jung un oll, un man künn schön an Bullerbessen un Reet rankamen, üm dormit to basteln.

An een Vörmeddach dremmelte ick mienen Grotvadder: „Opa wann gehen wir endlich Schilfrohr schneiden für meinen Flitzbogen?" (De Jungs hemm' sick jo schöne Piels dorut bugt. Dat Ruhr kreeg' vörn so'n Proppen von een' Hullerbusch. De Flitzbagens sülwst hemm' wi ut Wiedenholt makt. Wenn dat noch week wier, löt sick dat good bögen. Dunn hemm' wi een' 80'n Angelsehn nahmen, dat spannt un farig wier de Bagen!). He säd: „Ick heww hüüt keen Tiet, möt noch inköpen gahn un den Aben inböten." Ick harr' oewer nich locker laten, un so geew he schlütlich nah.

Up'n Möhlendiek stünn all'n bäten Wader up dat Ies, wiel dat twee Daag' lang Dauwäder gäben harr'.

As wi noog Reet schnäden harr'n, wull'n wi torügg nah Huus. An de Waderkant wier dat Ies all möör. Ick keem noch roewer, oewer mien Grotvadder is mit een' Foot inbraken. Bet an't Knee wier de Büx' natt. Ick heww mi halw dot lacht, oewer mien Opa fünd dat gor nich so lustig!

Up'n Weg nah Huus vertellte he noch miehrere Lüüd': „Ick bün inbraken, ick bün inbraken … ."

To Huus ankamen, müßt he ierstmol een poor Kööm up den Schreck drinken. Dat Dunnerwäder von mien' Oma keem prompt un ok ick heww orrig mien Fett afkrägen!

In de Tiet dornah, wenn anner Lüüd' bi uns to Besöök wier'n, hett mien Opa sien „Mallür" to'n Besten gäben, un dat wür' hartlich doroewer lacht.

Dieter Niebuhr Mäkelborg

Du büst die Eik,
dei gräun Allee,
dat Weitenfeld,
dei rusig See,

dei Sanddurnstruk,
dei Möw an' Strand,

dat Fischerdörp,
dat Schäp an' Land,

up plattdütsch dei
weik Tungenslach,
ein Hus för den'
dei dissen mach.

Susanne Bliemel

Wat Niechs för de Lüd von gistern

Jüst nu in'n April 2021 hett sik de Råt för Nedderdüütsch un Heimat, wecker de Ministerin för Billung, Wissenschaft un Kultur bisitten deit, virtuell dråpen un ünnerhollen, wat von dat Lannesprogramm „Miene Heimat – Mien modern' Mäkelborg-Vörpommern" allens so rutsuert is un woans dat wiederentwickelt ward. Wenn in dat Heft „Stier und Greif 1/2021" tau läsen wier, dat dit Programm rein gor nix för Plattdüütsch bröcht har, denn will ik hier un hüt 'n bäten gägenhollen. Wiel dat nich wohr is, un so kann ik denn Artikel, de hier afdruckt wier, blot zitieren: „Dor hebben je weck Lüd 'n gesunden Schlap hadd!"

Ik wunner mi: Wo wier de blot grote Plattdüütschplääch tau de Tiet, as de Johrgängen, de hüt œwer denn „Schnei von gistern" klågen, jünger wieren? Jå, in de 80er-Johren keem Platt in't Radio, dunn geef dat up Mål Musikers un Künstlers, de Platt nå vörn bröcht hebben. De Universitäten Rostock un Griepswold hebben sik för Platt mäuht un väl dån, wat för denn Plattünnerricht von hüt von grote Bedüdung is: De Würbäuker, de Volkskunn', de Wossidlo-Forschung, Vörläsungen œwer plattdüütsche Literatur un noch mihr. De Hinstorff-Verlag hett plattdüütsche Literatur rutgäben, Enthusiasten hebben Vertellers sammelt ... Jå, dat allens is hüt, wo de jüngeren Lüd de dålfollen Lopmaschen von uns Språk wedder upnähmen willen, sihr wichtig.

Wolfgang Mahnke hett Recht, wenn hei œwer väle Johren Plattdüütschbiråt faststellt hett: „Tau einen Dörchbruch tau't Thema Platt in'e Schaul is't oewer ok in dit hoge Gremium nie- nich kåmen." Nee, dissen „Dörchbruch" hett nu œwer dat Programm „Miene Heimat – Mien modern' Mäkelborg-Vörpommern" bröcht. Dat uns Land Plattdüütschlihrers bruukt, hebben wi nich verpennt. MV wier vöran mit 'ne Studienordnung för Schaulmeisters un sei hebben ehr von 2006 bit 2009 wiederbillt. De Uni Griepswold hett denn „Schwerpunkt Niederdeutsch" infüehrt, un väle junge Lihrkräfte hebben dat as Plattdüütschlihrers afschlåten. Blot so kunn dat 2016 tau'n Klappen kåmen, dat in dat Heimatprogramm de plattdüütsch' Språk un allens, wat von denn Kinnergorden bet tau de Uni schafft worden is, mit bannig väl Geld utstatt' worden is! Un wat is dormit nu schafft worden?

Klauke un düchtige Schaulmeisters hebben einen „Råhmenplån för Plattdüütsch" schräben, einen Lihrplån, de rägelt, wat'n allens woans lihren kann. De Plån wier de ierste Bustein dörför, dat dat Platt as Ünnerrichtsfack œwerhaupt gäben kann. Dat sünd nich blots de Abiturienten, de na dissen Plån lihren kœnen, sünnern all Kinner von de 5. Klass an. MV hett dat ierste schriftlich' Platt-Abitur all 2020 hatt. Äbenso flietige Schaulmeisters hebben dorför Prüfungsupgåwen schräben, de bewiesen, dat Platt mit all de anner Språken, de bi uns ünnerricht warden (Russisch, Polnisch, Schwedsch, Spånsch) mithollen kann. Sogor in de hochdüütschen Prüfungsupgåwen wier Plattdüütsch 2020 ein grot Thema, denn sovål Bedüdung ward uns Språk taumäten! Un dat is nich „ahn Klauk", as dat hier in dat verläden Heft stünn. Väl Geld hett dat Heimatprogramm insett dorför, dat Lihrers un Erzieher för'n Kinnergorden utbillt un wiederbillt warden un hett dorför dat „Kompetenzzentrum für Niederdeutschdidaktik" an de Uni in Griepswold inricht'. Dor hebben sik in de letzten Johren ümmer mihr Studenten för Platt begeistert un schluten dat as ehr Ünnerrichtsfack af. Dat warden de frischen Schaulmeisters, de nu in de Schaulen kåmen. Någen (!) deils œwerfüllte online-Plattdüütschkurse hett Ulrike Stern (Kompetenzzentrum) all dörchführt. Ganz niech: Siet dit Semester kœnen junge Lüd ok Plattdüütsch för dat Grundschaul-Lihramt in Griepswold studieren. Ok dat ward gaut annåhmen, wier von de Chefin Dr. Birte Arendt bi denn Plattdüütsch- un Heimatråt in'n April tau hüren. Dat geiht äben nich üm „Plattluxus", un de Grundschaulen sünd nich vergäten. Un denn hett de Artikel in dat Heft 1/2021 måhnt: Platt hüürt in denn Kinnergorden! Ok dat hett dat Heimatprogramm anschåben: Plattdüütsch un Heimat steiht in all de Lihrplåns för de Erzieher un Sozialassistenten, un dat ward mit väl Freud' un Klauk in de Utbillung von de jungen Lüd ünnerricht. Un de Artikel hett föddert: Wi bruken mihr Lihrmateriål un Literatur!

Dat meist' Geld von dat Heimatprogramm wür äben dorför insett, nämlich för dat wunnerbore Projekt, wat de Heimatverband MV tauwäch bröcht hett: De Heimatschatzkist. All Kinnergordens un jedein Schaulhort hett disse Kist krägen un väle Minschen ut denn Heimatverband hebben mithulpen, dit Projekt tau einen Erfolg tau måken. Antonia Stefer un Johanna Bojarra, twei junge Frugens, hebben de Bäuker, Späle, CDs un Spälmateriålien söcht, sammelt, schräben un entwickelt un ein didaktisch Materiål måkt, wat so wunnerbor tau'n Plattdüütschlihren för de Lütten passen deit! Dörch dat Lannesprogramm „Miene Heimat" is noch väl mihr Lihrmateriål entståhn: Dat Arbeitsbauk „Fang an mit Platt", „Paul un Emma schnacken Platt", „Platt mit Plietschmanns" un båbentau kümmt ein Ståpel von anner Platt-Literatur för Lütt un Grot ut uns' Land, de rutbröcht worden is. Liekers, uns Plattdüütsch-Kauh is noch lang nich ut'n Gråben. Also heit dat wieder: Mithelpen un nich blots mit Rok ut de Piep blåsen.

Heidi Rakow

Tau'n Schaulbeginn

Nu bün ik na de Schaul henn komm,
un hew mi allerhand vörnommen,
will läsen und dat Schrieben liern,
un ein Wunsch har ik ok noch giern,
mücht plattdütsch reden, wie hier in Norden.

Hef't all eins hürt – in Kindergorden,
dat hät mi dor ganz gaud gefollen,
will ok so räden, ass de Ollen.

Ik gäw mi Meuh, nu glöw mi datt,
ik spreck mit juch taukünftig platt.
Versteist du't nich, denn kannst mi fragen,
ich kann das auch auf hochdeutsch sagen.

De Muurd

Eine Graphic Novel für den Niederdeutschunterricht
Ulrike Stern

Fritz Reuters Versepos „Kein Hüsung" (1857) gehört zu den wichtigsten Werken der neuniederdeutschen Literatur, da es trotz seines regionalgeschichtlichen Bezuges grundlegende und zeitlose Fragen zu Freiheit, Gerechtigkeit, Schuld und Flucht aufwirft. 2020 wurde vom Heimatverband Mecklenburg-Vorpommern e.V. in Kooperation mit der Fritz-Reuter-Bühne Schwerin und gefördert durch das Ministerium für Bildung, Wissenschaft und Kultur Mecklenburg-Vorpommern eine Theaterfassung dieses Werks als Hörspiel herausgebracht und steht nun auf der Website des Heimatverbandes kostenlos zum Anhören zur Verfügung. Das Kompetenzzentrum für Niederdeutschdidaktik der Universität Greifswald erarbeitet zu dem Hörspiel eine Handreichung für den Niederdeutschunterricht.

Die Einrichtung des Abiturfaches Niederdeutsch als dritte Fremdsprache ermöglicht Schülerinnen und Schülern ab dem dritten Lernjahr (Jahrgangsstufe 9) die Beschäftigung mit der Ganzschrift oder einzelnen Auszügen, wie sie auch der Rahmenplan Niederdeutsch für die Sekundarstufe I und die gymnasiale Oberstufe empfiehlt. Anknüpfungspunkte ergeben sich aber auch mit den Fächern Deutsch, Geschichte, Geografie, Religion/Ethik und Philosophie.

Teil dieser Handreichung ist auch eine Umsetzung des Kapitels „De Muurd" als Graphic Novel, die hier erstmals im Druck erscheint. Dieses und weitere Materialien sind auf der Website des Kompetenzzentrums abrufbar:
www.germanistik.uni-greifswald.de/knd

Reno Stutz

Ökostrom aus Mecklenburg

Über Jahrtausende dienten die mecklenburgischen Flüsse dem Transport von Waren und Menschen. Man nutzte sie, so wie die Natur sie geschaffen hatte. Manche Wasserwege waren aufgrund ihres Verlaufs, ihrer Strömung, ihrer Breite und ihres Tiefgangs besser für die Schifffahrt geeignet, manche schlechter. Niemand kam auf die Idee, diese „gottgeschaffenen Dinge" zu verändern.

Nach der Kolonisierung Mecklenburgs durch deutsche Siedler, der Entstehung von Städten und der Gründung der Hanse wuchs das Interesse an guten schiffbaren Transportwegen. Kaufleute und Schiffer erkannten den Nutzen von Binnenwasserstraßen und begannen seit dem 14. Jahrhundert diese zu kanalisieren und mit Schleusen zu versehen. Zu den bekanntesten zählten der Stecknitz-Kanal von Lüneburg nach Lübeck und der Wallensteingraben vom Schweriner See zur Ostsee bei Wismar.

Mit dem Ausbau des Wallensteingrabens seit dem 16. Jahrhundert geriet auch die Elde verstärkt in den Fokus der herzoglichen Baumeister. Der wichtigste südmecklenburgische Fluss verband die Müritz mit der Elbe. Den großen Gutsbetrieben der Region und den sich im 19. Jahrhundert entwickelnden Städte Dömitz, Grabow, Lübz, Neustadt-Glewe, Parchim, Plau und Waren bot er sich als Transportweg für landwirtschaftliche und industrielle Güter geradezu an. Demzufolge wurde die Elde zunehmend kanalisiert. So auch in den 1890er-Jahren, als zwischen Dömitz und Neustadt-Glewe ein acht Kilometer langer Schleusenkanalabschnitt ausgebaut wurde.

Im letzten Drittel des 19. Jahrhunderts entwickelten sich die deutsche Industrie und die Bevölkerung rasant. Damit wuchs auch der Bedarf an Elektrizität – eine Entwicklung, die auch vor Mecklenburg nicht Halt machte.

Erste Überlegungen, mittels Wasserkraft Elektroenergie an der Elde zu erzeugen, lassen sich bis um 1900 zurückverfolgen. So lud der Mecklenburgische Patriotische Verein Lübz 1908 zu einem Vortrag unter dem Titel „Die Errichtung einer elektrischen Überland-Zentrale in der Lübzer Gegend unter Benutzung der Wasserkraft der Elde" ein. Der Zuspruch war ausgesprochen rege. Allerdings machte der Ausbruch des Ersten Weltkrieges 1914 alle Planungen zunichte.

Nach dessen Ende 1918 – Deutschland verlor infolge des Versailler Vertrages einen Großteil seiner Kohlengruben – wurde der Gedanke, an der Elde Wasserkraftwerke zu errichten, wieder aufgenommen. Die Versorgung mit Strom bereitete in jenen Jahren große Probleme, da die zur Energieerzeugung notwendige Steinkohle nicht ausreichend zur Verfügung stand. Der Bau von Wasserkraftwerken bot somit einen Ausweg. Dazu schrieb die in Schwerin erscheinende „Mecklenburgische Zeitung":

„Die Mittel, welche dem Landes-Elektrizitätswerk durch die bisherigen Bewilligungen des Landtages zur Verfügung gestellt waren, sind

Die Versorgung mit Elektrizität war 1921 ein wichtiges Thema, über das die Zeitungen ihre Leser regelmäßig informierten.

über Erwarten rasch durch erfolgten oder projektierten Bau von Leitungen und Krafterzeugungsanlagen plan- und bestimmungsgemäß in Anspruch genommen. Bisher waren 19,4 Millionen Mark bewilligt. Um den zahlreichen Anträgen auf Anschluß aus dem Lande, die gerade in letzter Zeit an die Landes-Elektrizitätswerke gelangt sind, genügen zu können, müssen in absehbarer Zeit Leitungsstrecken von etwa 500 Kilometer errichtet werden. An die die Ausnutzung aller im Lande verfügbaren Wasserkräfte muß herangetreten werden."

Mecklenburgische Zeitung, 19.12.1921

Die erste Anlage entstand zu Beginn der 1920-Jahre bei Grabow. Die Bauarbeiten begannen im Juni 1920 und sollten bereits ein Jahr später im August 1921 abgeschlossen sein. Witterungsbedingt traten jedoch Verzögerungen ein, so dass die Anlage erst im Oktober 1921 fertiggestellt wurde. Nach dem Probebetrieb ging das Wasserkraftwerk Hechtforthschleuse bei Grabow im März 1922 ans Netz.

Noch im gleichen Monat begann bei Sternberg an der Mildenitz der Bau des Kraftwerkes Zülow. Im August 1924 ging es in den Dauerbetrieb. Parallel dazu entstand auch bei Bobzin nahe Lübz an der Elde ein weiteres Wasserkraftwerk. Die Arbeiten begannen bereits 1921. Zunächst musste ein Teil der Elde zwischen Kuppentin und Bobzin umverlegt und eine neue Schleuse bei Bobzin errichtet werden. Über die umfangreichen Baumaßnahmen berichtete auch die Presse, so auch die landesweit erscheinende „Mecklenburger Warte":

„Der Kanal führt von der Kuppentiner Schleuse auf dem linksseitigen Ufer der Elde in den bestehenden Fahrenhorst-Kanal. Die Wasserstrecke beträgt ungefähr 1.200 Meter. Fertiggestellt ist im Laufe des Jahres das linksseitige Ufer auf einer Strecke von etwa 1½ Kilometer. Die Arbeiten werden von der Firma Philipp Holzmann aus Hamburg ausgeführt. Da das Gefälle der beiden bestehenden Schleusen zusammengefaßt wird, ist die Ausnutzung der Wasserkraft für

Die „Mecklenburger Warte" berichtete im August 1921 über den Bau der Bobziner Schleuse.

die weitere Elektrifizierung des Landes, deren Leitungsnetz von Westen kommend, bereits bis Parchim reicht, nicht ohne Bedeutung. Wie wir hören, soll das regelmäßig abfließende Wasser in einem neben der Schleuse zu errichtendem Werk für Kraft und Licht ausgenutzt werden."

Mecklenburger Warte, 14.8.1921

Arbeiteten 1921 zunächst noch 120 Tiefbauarbeiter an dem Projekt, waren es 1923 bereits ca. 400. Am 8. Mai 1925 ging das Kraftwerk ans Netz.

Resümierend schrieb die „Mecklenburgische Zeitung" im Dezember 1921:

„Neben den bisher herangezogenen Kräften der Elde an der Hechtforthschleuse bei Grabow, welche jetzt den Betrieb aufgenommen hat, und an der früheren Mühle in Neustadt [Glewe – R.S.] kommt der Ausbau der Wasserkraft an der neu vom Reiche bei Bobzin geschaffenen größeren Staustufe in Betracht. Für diese Kraft sind bei der Bearbeitung der Kanalausbaupläne gleichzeitig auch Projekte für die Ausnutzung des Gefälles zur Gewinnung von Elektrizität aufgestellt worden, welche für die Herrichtung solcher Anlagen verwendbar sind."

Mecklenburgische Zeitung, 19.12.1921

1933 wurde in Borkow, unweit von Sternberg an der Mildenitz, ein weiteres kleines Wasserkraftwerk fertiggestellt. Damit konnte durch die einheimischen Flüsse wenigstens zu einem Teil der Bedarf an Strom abgedeckt werden.

# Im Interview: Dr. Elke Pretzel

Könnten Sie kurz Ihre ersten Lebensjahre skizzieren?

Ich bin gebürtige Güstrowerin, aber in Jürgenstorf aufgewachsen. Seit 1996 wohne ich in Krummsee, einem kleinen Dorf in der Nähe von Stavenhagen. Mein Abitur habe ich an der Erweiterten Oberschule in Malchin gemacht. Da mich Kunst schon als Kind sehr interessiert hat, wollte ich Bildende Kunst in Dresden studieren. Als 12/13-jähriges Mädchen bekam ich eine Biographie über Curt Querner geschenkt – ein ganz toller ostdeutscher Maler, der auch phantastische Aquarelle schuf. Dieser Künstler hat mich sehr bewegt. Ich selber habe sehr viel gezeichnet und gemalt. Regelmäßig bin ich zum Beispiel auf die Pferdekoppel gegangen und habe dort Pferde skizziert.

Wie kamen Sie zur Kunstgeschichte, und was verschlug Sie nach Neubrandenburg?

Wenn man vom platten Land kommt, ist es nicht ganz einfach, eine entsprechende Förderung zu bekommen, so dass es letztendlich nicht für das Kunststudium gereicht hat. Ich wurde abgelehnt. Damals wusste ich nicht, was ich ansonsten studieren wollte. Ich war hin- und hergerissen, hatte schon Überlegungen angestellt, in die Landwirtschaft zu gehen. Letztendlich habe ich mich an der Universität Greifswald beworben und Kunsterziehung und Germanistik studiert. Das Studium war toll und hat mir die Welt der Kunst und Literatur eröffnet. Bereits damals hatte ich Studentenjobs im Bereich Kunstgeschichte, die mich sehr interessierte, und machte in diesem Fach mein Diplom. Nach dem Studium begann aber die harte Praxis. Es wurde mir schnell klar, dass ich keine geborene Lehrerin bin. Ich habe dann im zweiten Absolventenjahr gekündigt. Aus der Volksbildung zu DDR-Zeiten auszusteigen, war sehr schwierig und ging nur mit einem Rechtsbeistand, so dass ich doch die drei Absolventenjahre durchlief. Diese Zeit war nicht einfach und als Aussteigerin an der Schule recht unangenehm.

Bereits damals bewarb ich mich parallel in der Neubrandenburger Kunstsammlung und wurde 1988 eingestellt. Ich begann als wissenschaftliche Mitarbeiterin. Die Direktorin, Frau Dr. Crepon, wollte mich haben. Sie setzte sich über alle Regeln hinweg und konnte sich letztendlich durchsetzen. Seitdem arbeite ich hier als Kuratorin.

Wie gestaltet sich der Arbeitsalltag einer Kunsthistorikerin?

Es ist ein 40-Stundenjob, und es gibt sehr viel zu tun. Alle Vierteljahre hat man eine neue Ausstellung, für die ich überwiegend zuständig bin. Zunächst beginnt man mit der Jahresplanung, zusammen mit der Leiterin des Museums. Dann erfolgt das Ausstellungskonzept und die Auswahl der Arbeiten in den Ateliers der Künstler. Das kann mitunter Wochen in Anspruch nehmen. Ich bin auch zuständig für die technische Vorbereitung. Dazu gehört das Schneiden von Passepartouts und das Rahmen der Arbeiten. Dann geht es ans „Eingemachte": die Hängekonzeption. Auch wenn diese im Vorfeld eigentlich feststeht, klärt sich alles erst an der Wand. Gibt es Kataloge zu den Ausstellungen in meiner Verantwortung, bin ich natürlich auch dafür zuständig. Das heißt das Konzept und die

FORSCHUNG

Nach der Promotion, 2019

Texte erstellen, Autoren gewinnen und die redaktionelle Arbeit absichern. Das ist mein alltägliches Tun.

Zu meiner Arbeit gehört auch die Öffentlichkeitsarbeit. Die Betreuung von Schulklassen bei Rundgängen wird bei uns im Hause durch eine Künstlerin abgesichert, die auf Honorarbasis angestellt ist. Ich bin mehr für die „VIP-Betreuung" zuständig. Dazu kommt etwa das Halten von Vorträgen sowie die Planung und Umsetzung von Veranstaltungen. Wichtig ist auch die Kooperation mit anderen kulturellen Partnern, die Betreuung des Freundeskreises der Kunstsammlung Neubrandenburg, also unseres Fördervereins. Früher pflegte ich die Webseite. Inzwischen sind wir auf der Webseite der Stadt präsent, so dass ich hier nur noch die Zuarbeiten leiste.

Neubrandenburg und Kunst – ein Gedanke, der einem nicht sogleich kommt!

Im Norden der DDR gab es zu DDR-Zeiten keine Kunsthochschule. Entsprechend der kulturpolitischen Vorstellung der Partei und Staatsführung wurden in jedem Bezirk, so auch in Neubrandenburg, Künstler und Künstlerinnen gezielt angesiedelt. Viele erwarben in den umliegenden Dörfern Häuser, in denen sie sich Ateliers einrichten konnten. Es existierte zwar das Zentrum für bildende Kunst, aber kein Kunstmuseum.

Mitte der 1970er-Jahre gab es einen Ratsbeschluss, die zerstörte Marienkirche anzukaufen. Diese sollte saniert werden, um dort u.a. eine Kunstsammlung unterzubringen. Vor diesem Hintergrund wurde die Kunstsammlung Neubrandenburg am 1. Januar 1982 neu gegründet. Damals fingen wir im Prinzip bei Null an zu sammeln.

Die Sammlung war bereits vor der Wende für Kunstliebhaber und zeitgenössische bildende Künstler bedeutsam und wird sehr geschätzt. Daher bekommen wir sehr viele Schenkungen. Wir waren immer eine städtische und nie eine bezirksgeleitete Einrichtung. Die Stadt Neubrandenburg hat sich das einfach geleistet. Hinsichtlich der Sammlungspolitik hatten wir alle Freiheiten. Wir haben nach künstlerischen Kriterien gesammelt und mussten dahingehend auch keine Rechenschaft ablegen. Ein Vorteil war für uns, da wir die letzte Museumsgründung der DDR waren, dass wir uns auf die junge und mittlere Generation ostdeutscher Künstler konzentrierten, die ältere, etablierte Museen noch nicht interessierten. Daher besitzen wir heute eine großartige Sammlung und können das Schaffen wichtiger Künstler von Anfang an belegen.

Welche kunst- und kulturhistorischen Spuren haben Sie bisher hinterlassen?

Die größte Spur ist sicherlich meine Arbeit, die 1945 verlorengegangene Kunstsammlung der Stadt wieder in das öffentliche Bewusstsein zurückgebracht zu haben. Als ich 1988 in Neubrandenburg anfing, wusste ich von der Sammlung überhaupt nichts. Ich kann bis heute nicht verstehen, wie die Erinnerung an solch eine bedeutende Sammlung einfach verschwand, selbst wenn die Bestände verloren waren. Niemand hatte sich damals darum gekümmert, sie wiederzufinden. Sie soll ausgelagert worden sein, aber es ließ sich nichts belegen. Anfang der

Südflügel des Palais mit der städtischen Kunstsammlung, um 1934 (Foto: Marg. Brauer)

1990er-Jahre meldete sich eine Augenzeugin. Dabei handelte es sich um die Frau des letzten Leiters der Städtischen Kunstsammlung Walter Günteritz. Sie berichtete, dass ein Transport mit Exponaten aus der Neubrandenburger Kunstsammlung kurz vor Kriegsende in Richtung Schwerin abgegangen war.

Als ich mit meinen Recherchen begann, war es eigentlich viel zu spät. Man wusste lediglich, das es eine Kunstsammlung und drei Versicherungspolicen gab. Das war die Ausgangslage!

Von 1995 bis 1997 hatten wir eine ABM-Stelle aufgelegt. Die Kollegin durchsuchte die „Neubrandenburger Zeitung" nach historischen Zeitungsartikeln die Sammlung betreffend. Als Frau Dr. Crepon, meine damalige Chefin, 1998 in Rente ging, war ich ein halbes Jahr lang Interimsdirektorin. Seit dieser Zeit habe ich mich intensiv dem Thema gewidmet. Ich wurde im Stadtarchiv relativ schnell in einem Ratsprotokoll von 1890 fündig, das den entscheidenden Hinweis auf die Unterlagen der ersten Stiftung gab. Sie befanden sich im Amtsgericht Neubrandenburg.

Hier fand ich auch Listen der Erstinventur, die jedoch nur wenige Angaben zu etlichen Gemälden und Grafiken enthielt. Die Sammlung umfasste ca. 10 000 bis 15 000 Werke. Eine erstaunliche Anzahl für eine kleine Ackerbürgerstadt und die einzige bürgerliche Sammlung in den beiden mecklenburgischen Großherzogtümern. Und von erstaunlicher Qualität.

Die 1890 gegründete Sammlung speiste sich aus zwei Stiftungen – die des Malers Henry Stoll und die des Kunsthändlers August Schmidt. Beide hatten ihre Sammlungen testamentarisch der Stadt vermacht. Auf diesen Forschungsergebnissen aufbauend entstand 2001 die erste Publikation „Die Städtische Kunstsammlung in Neubrandenburg 1890–1945. Die Geschichte einer verlorenen Sammlung". Insgesamt konnte ich 1156 Werke belegen. Mit Hilfe des Deutschen Zentrum Kulturgutverluste in Magdeburg veröffentlichten wir 2003 unsere Verluste, publizierten dann selber 2004 einen Verlustkatalog.

2006 fanden bei uns in Neubrandenburg auf dem Marktplatz umfangreiche archäologische Grabungen statt. Hier stand bis zu seiner Zerstörung 1945 das Städtische Palais, in der die Städtische Kunstsammlung untergebracht war. Als die Arbeiten begannen, wurde ich bei den Archäologen vorstellig. Ich bat sie, mich zu informieren, sollten neuzeitliche Funde auftauchen. Monate später erhielt ich einen Anruf. Man war auf Tausende von Scherben gestoßen. Es handelte sich dabei auch um Meißener Porzellan. Da die Formnummern auf einigen Scherben noch sichtbar waren, ließ sich das Aussehen der vernichteten Porzellanplastiken rekonstruieren. Während dieser Zeit recherchierte ich in vielen Werksarchiven und Museen mit kunstgewerblichen Sammlungen, so dass ein Großteil

Mädchenschule von innen – Blick in die Ausstellungsräume, um 1913 (Foto: Franz Neitzel)

Weiblicher Kopf (Fragment) der Städtischen Kunstsammlung (Foto: Bernd Kuhnert)

Brandzimmer (Foto: Thomas Häntzschel)

der Fundstücke provisorisch zusammengesetzt werden konnte.

Mit den Überresten der alten Sammlung realisierte ich drei Sonderausstellungen. Und richtete zusammen mit dem Kölner Künstler Simon Schubert zwei dauerhafte Kabinette ein. In einem wird die Geschichte der Städtischen Kunstsammlung erzählt; es wird in diesem Jahr zur Kunstinstallation „Das weiße Zimmer" umgebaut. Die zweite Rauminstallation, das „Brandzimmer", zeigt den Untergang der Sammlung 1945.

In der Beschäftigung mit der ehemaligen Kunstsammlung fand ich die Motivation, eine Dissertation zu schreiben. Ich fühlte mich verpflichtet, diesem Thema nachzugehen, um der alten Sammlung wieder ein Gesicht zu geben. Letztendlich aber war es ein „Privatvergnügen", das insgesamt acht Jahre dauerte.

Sie erhielten 2020 den Annalise-Wagner-Preis. Was verbirgt sich hinter dieser Ehrung, und warum erhielten Sie ihn?

Der Annalise-Wagner-Preis wird seit 1991 alljährlich von der in Neubrandenburg ansässigen Annalise-Wagner-Stiftung vergeben. Die in Neustrelitz geborene Buchhändlerin und Heimatforscherin übergab ihr Vermögen und ihre Sammlung der Stadt Neustrelitz. Ziel der Stiftung ist es, herausragende Arbeiten, die sich der Pflege und Aufarbeitung der Kultur und Geschichte des Landes Mecklenburg-Strelitz verdient gemacht haben, auszuzeichnen. 2020 erhielt ich den Preis für meine Dissertation.

Worauf sind Sie besonders stolz?

Auf meine zwei Töchter und meine Dissertation! Das war wirklich eine harte Arbeit. Nicht selten schwankte ich zwischen Aufgeben und Weitermachen. Manchmal sah ich keinen Sinn mehr in meinem Tun, dann wieder doch. Es war eine harte Zeit, und ich musste mich regelmäßig wieder neu motivieren.

Welche Bücher oder Filme oder Kunstwerke würden Sie empfehlen?

Auch wenn es jetzt schon viele Jahre her ist – das 2014 erschienene Buch der georgisch-deutschen Autorin Nino Haratischwili „Das achte Leben. Für Brilka" wäre eine meiner Empfehlungen. Es ist eine Familiengeschichte, eingebettet in die russisch-sowjetische Geschichte vom Zarenreich bis zur Jetztzeit. Ein sprachgewaltiges Buch, dass mich gefangen nahm.

Als Film würde ich den dänischen Streifen „Der Rausch" mit dem wunderbaren Mads Mikkelsen empfehlen. Er läuft gerade im Kino und wurde 2021 mit dem Oscar in der Kategorie „Bester ausländischer Film" ausgezeichnet. Ein fantastischer Film, auch weil er politisch so schön inkorrekt ist.

Welche Missstände würden Sie beheben, wenn Sie die Macht dazu hätten?

Ich würde mir wünschen, dass auf Kunst und Kultur in all ihren Sparten mehr Augenmerk gelegt wird. Gerade jetzt in der Corona-Zeit mussten die Museen im Land Mecklenburg-Vorpommern als erste schließen, während die Geschäfte noch lange offenblieben. Das konnte ich nicht nachvollziehen, und ich war sehr verärgert. In den Museen werden die Abstandsregeln eingehalten, hier werden alle erfasst, viele Häuser sind klimatisiert. Es schmerzte, dass viele Ausstellungen, die gerade liefen, geschlossen werden mussten. Wir hatten z.B. eine Ausstellung mit Matthias Garff, einem jungen Künstler aus Leipzig. Aus einer Laufzeit von drei Monaten wurden drei Wochen, dann wurde sie zugemacht. Es tat mir so leid um den Künstler.

Die Strategie, zuerst die Museen zu schließen und die vielen künstlerischen Aktivitäten zu verbieten, sollte man zukünftig überdenken! Es fanden keine Konzerte mehr statt, aber Hansa spielte vor 15 000 Zuschauern. Das macht mich sehr nachdenklich und traurig.

Frau Pretzel, ich danke für das Interview.

Das Gespräch wurde am 24. August 2021 von Dr. Reno Stutz geführt und aufgezeichnet.

Laudatio anlässlich der Eröffnung einer Kunstausstellung (Foto: Kunstsammlung Neubrandenburg)

KULTUR AKTUELL

Andreas Neumerkel

Echter „Bismarck-Hering"
kommt nur aus Stralsund

Anfang September dieses Jahres feierten die Stralsunder 150 Jahre „Bismarck-Hering" mit einem Straßenfest. Sie haben richtig gelesen, liebe Leser. Im Jahre 1871 wurde in der Stadt am Strelasund die Marke „erfunden". Verantwortlich dafür war der aus Redebas gebürtige Kaufmann Johann Christoph Friedrich Wiechmann. Er erwarb am 1. Mai 1853 das Haus Neuer Markt 6 und eröffnete eine „Materialwarenhandlung" mit Schankgenehmigung für Bier und Branntwein. Hauptsächlich verkaufte er aber Fische und Produkte, die er, vielmehr seine Ehefrau, aus ihnen herstellte. Unter einem Schuppendach auf dem Hof nahm Carolina Wiechmann Heringe, Hornfische, Flundern, Aale und Lachse aus. In der Küche wurden sie gebraten, sauer eingelegt und danach lose oder in Fässchen verkauft. Geräucherten Lachs soll es seit 1860 gegeben haben. Johann Wiechmann war ein großer Verehrer Otto von Bismarcks. Nicht umsonst hatte er einem seiner Söhne den Vornamen Otto gegeben. Zu seinem Geburtstag am 1. April 1871 übersandte Kaufmann Wiechmann dem Reichskanzler ein Fässchen mit entgräteten und in einem sauren Aufguss eingelegte Heringe.

Bismarck war bekanntlich kein Kostverächter. Er verschmähte auch den Hering nicht. Von ihm soll folgender Spruch überliefert sein: „Wenn Heringe genauso teuer wären wie Kaviar, würden ihn die Leute weitaus mehr schätzen." Mit einem persönlichen Handschreiben bedankte er sich beim Stralsunder Händler für das Geschenk. Wichmann hatte nunmehr eine einfache, aber wie sich späterhin herausstellen sollte, grandiose Idee. Er schickte Bismarck wiederum ein Fässchen mit Heringen. In einem beigefügten Schreiben bat er nunmehr „untertänigst", dem köstlichen Produkt den Namen „Bismarck-Hering" geben zu dürfen. Der Reichskanzler übermittelte hocherfreut sein Einverständnis. Somit ist Stralsund der Ort, an dem der in ganz Deutschland und über die Landesgrenzen hinaus bekannte „Bismarck-Hering" erstmals verkauft wurde. Zugegeben, es gibt noch andere Erklärungen, wie der „Bismarck-Hering" zu seinem Namen kam. Aber diese lassen wir mal außen vor. Nach der Wende erfuhr der Stralsunder Fischhändler Henry Rasmus von dieser Begebenheit. Er setzte sich mit den Nachfahren von Johann Wiechmann in Verbindung, die ihm das verschollen geglaubte Originalrezept überließen und die Erlaubnis zur Vermarktung des echten „Bismarck-Herings" erteilten. Anfang des Jahres verabschiedete sich Henry Rasmus in den Ruhestand und übergab seinen Laden und das Rezept zur Herstellung des „Bismarck-Herings", das natürlich geheim ist, an Mathias Schilling, einst bekannt gewor-

Flyer „150 Jahre Bismarckhering"
(Druckgrafik © Bertram Schiel)

KULTUR AKTUELL

Am Festakt nahmen auch Angehörige der Familie Bismarck teil. (Foto: Christian Rödel)

den durch den Hiddenseer Kutterfisch. Somit ist auch weiterhin gesichert, dass der einzig echte „Bismarck-Hering" in der Hansestadt Stralsund hergestellt wird. Viele prominente Politikerinnen und Politiker kamen schon in den Genuss des Stralsunder Produkts. Beim G7-Gipfel 2007 in Heiligendamm, aber auch 2006 beim Besuch des amerikanischen Präsidenten George W. Bush in Stralsund gab es den legendären „Bismarck-Hering" als Geschenk per Fässchen.

Bildnachweis:
Dr. Andreas Neumerkel

KULTUR AKTUELL

Klaus-Peter Elsholt

Ein besonderer Tag

Heute war ein besonderer Tag für das kleine Museum von Karl-Peter Elsholt in Consrade. Dr. Björn Berg, der Leiter des Kreisagrarmuseums Dorf Mecklenburg, überbrachte eine Spende von historischen Geräten wie einen „Mecklenburger Haken" (ein Pflug von 1880), einen Dreschflegel, eine Saftpresse und weitere Werkzeuge. Damit kann die Ausstellung um wertvolle Exponate erweitert werden. Außerdem vereinbarten die beiden Museumschefs eine weitere Zusammenarbeit. Der Kontakt zueinander wurde durch den Heimatverband Mecklenburg-Vorpommern hergestellt.

Gegenwärtig wird im Consrader Museum mit Hochdruck an der Fertigstellung eines Sanitärraumes gearbeitet, der möglichst zum Tag des offenen Denkmals in Verbindung mit der Herbstpflanzaktion der Consrader Streuobstwiese die Möglichkeit eines kleinen Hoffestes ermöglicht.

Bildnachweis:
Klaus-Peter Elsholt

Übergabe der historischen Geräte (Foto: Karl-Georg Haustein)

Björn Berg

Ausrüstung von Schäfer Karl-Heinz Mielke, Steinhausen

Geboren wurde Karl-Heinz Mielke im Jahr 1925 in Groß Zecher am Schaalsee als Sohn des Schäfers Carl Mielke, dessen Vorfahren seit 1862 ebenfalls Schäfer waren. Die Väter gaben nicht nur das Wissen, sondern auch die Liebe zum Beruf an die Kinder weiter.

Mit Einrichtung der Artillerieschule in Rerik auf der Halbinsel Wustrow übernahm der Vater Carl Mielke 1936 die dortige Schäferei. Der Familientradition folgend, erlernten die Kinder Adolf (geb. 1923) und Karl-Heinz (geb. 1925) ebenfalls den Schäferberuf. Nach ihrer Entlassung aus der Kriegsgefangenschaft kamen sie nach Wustrow zurück. Dort wurde auch der älteste Sohn von Karl-Heinz, von dem wir die Gegenstände erhielten, im Jahr 1947 geboren.

Da das Gebiet der Halbinsel an das russische Militär abgetreten werden musste, bekamen die Familien Carl Mielke und Karl-Heinz Mielke 1948 im Zuge der Bodenreform je eine Siedlung in Steinhausen bei Wismar. Die drei Männer – Adolf Mielke war ebenfalls mit nach Steinhausen gekommen – bewirtschafteten die Fläche von etwa 16 Hektar in Arbeitsteilung und mit Erfolg. Es wurden bald auch andere Flächen von geräumten Siedlungen übernommen, wodurch in jedem Jahr Feldfrüchte als „freie Spitzen" verkauft werden konnten. Etliche aus dem Dorf halfen mit, weil die Arbeit allein nicht zu schaffen war.

In dieser Zeit existierte zwar auch eine Schafhaltung, aber in sehr kleinem Rahmen. Auf Initiative von Vater Carl wurden bereits in den 1950er-Jahren in den Sommermonaten die Schafe der Einzelbauern in einer Herde zusammengefasst und von einem Rentner betreut. Als die Flächen 1960 in die LPG eingebracht werden mussten, wurde diese Schafherde der Grundstock für die Schafhaltung der LPG „Ernst Thälmann" in Steinhausen.

1961 legte Karl-Heinz Mielke die Meisterprüfung als Schäfer ab und übernahm damit vom Vater die Leitung der Schafproduktion.

Die Führung von Schafherden ist ohne ausgebildete Hütehunde nicht möglich. Die Ausbildung der Hunde wurde von den Schäfern selbst

50 große und kleine Knöpfe zieren die schwarze, teilweise samtbesetzte Weste.

KULTUR AKTUELL

Handgeschnitzter Hirtenstock (Detail)

übernommen. Den Stand der Ausbildung prüfte man in Wettbewerben. Auch Karl-Heinz Mielke nahm regelmäßig an Hütewettbewerben teil, auf denen er etliche Preise und Auszeichnungen gewann. Voller Stolz legte er seine traditionelle Schäferkleidung an. Die Herzen auf dem Bandolier, das zur Führung der Hunde dient, wurden vorher ebenso blank geputzt wie die Stiefel. Die ordnungsgemäße Kleidung war auch ein Kriterium für die Beurteilung im Hütewettbewerb. So nahm er an den Wettbewerben auf Kreis-, Bezirks- und Landesebene teil.

Karl-Heinz Mielke verstarb mit knapp 94 Jahren. Als sein Sohn und seine Schwiegertochter das alte Haus auf- und ausräumten, fanden sie die alte Schäferausrüstung des Vaters und beschlossen, diese dem Agrarmuseum in Dorf Mecklenburg zu übergeben.

Zu den von uns übernommenen Gegenständen gehören u.a. zwei lederne Hundegurte, die um Hals und linken Arm getragen wurden. Einer der Gurte ist mit metallenen Herzen verziert. Die lederne Brottasche für den Proviant des Schäfers wurde rechts getragen. Die Weste ist schwarz und zum Teil aus Samt. Durch die Knopflöcher ist eine vergoldete Kette gezogen. Jede Weste hat 36 große Knöpfe. Diese stehen für die Weidewochen im Jahr. Die 14 kleineren Knöpfe zeigen die Stallwochen an, die von schwerer Arbeit für die Schäfer geprägt waren. Der Hirtenstock ist aus einem langen, geraden Zweig selbst geschnitten und etwa 1,6 Meter lang. Am oberen Ende befindet sich ein speziell gewachsenes zweites Stück Holz, das mit einer Schraube befestigt ist. Die Verbindung erinnert an die Verzapfung, die bei Zimmerern üblich ist. Schwarze Lederstiefel komplettieren die Ausrüstung. Außerdem erhielt das Museum den Meisterbrief von Karl-Heinz Mielke und Auszeichnungen von Berufswettbewerben sowie einen Bilderrahmen mit Erinnerungen, ein Geschenk zu seinem 90. Geburtstag.

Die Übergabe der Utensilien durch den Sohn war wie ein besonderer Abschied vom Vater. Als der Museumsleiter sie im Wagen verstaut hatte und sich verabschiedete, glänzten die Augen des Schäfersohnes feucht. Im Museum soll die Erinnerung an die Schäferei und auch an Karl-Heinz Mielke lebendig gehalten werden. Bilder, Meisterbrief, Urkunden und Auszeichnungen sowie die Kleidungsstücke werden einen besonderen Platz bekommen.

Bildnachweis:
Dr. Björn Berg

KULTUR AKTUELL

Dorota Makrutzki

Die Akte Sidonia –
Die kriminalistische Ermittlung einer Schauspielerin

400 Jahre nach dem Tod der pommerschen Adligen Sidonia von Borcke wurden die Ermittlungen in ihrem Fall neu aufgenommen – diesmal durch eine Schauspielerin, die das traurige Schicksal der aktenkundigen Hexe besser verstehen will und Sidonia von Borcke eine Stimme gibt. Im März erscheint der erste Hörbeitrag der Serie:

Des „Malefizverbrechens", also des Schädigens mittels der Zauberei, beschuldigt, wurde Sidonia von Borcke verhaftet und einem peinlichen Verhör unterzogen. Infolgedessen und nach einem langen Gerichtsverfahren hat das Hofgericht zu Stettin sie für schuldig befunden und im September 1620 in Stettin vor dem Mühlentor enthauptet und ihren Körper verbrannt. Das tragische Schicksal Sidonias wurde in den nächsten Jahrhunderten zur Inspiration für Maler und Schriftsteller. Die Greifswalder Schauspielerin Katja Klemt greift in ihrer Ermittlung diese Werke auf. Zusätzlich studiert sie die Gerichtsakten und geschichtliche Überlieferungen, besucht authentische Orte, Archive sowie Museen und befragt Expertinnen und Experten. Während dieser Neuuntersuchung nähert sie sich der historischen Person Sidonia von Borcke und den literarischen Figuren, die den gleichen Namen tragen. Das Ergebnis dieser Ermittlung ist ein Hörbeitrag, in dem die vielen Widersprüche rund um die Geschichte Sidonia von Borckes zum Ausdruck kommen. Etwa 40 Minuten lang wechseln Monologe von Katja Klemt, Fragmente der Akten und Expertengespräche, abgerundet durch eine atmosphärische Klangcollage. Die zwei weiteren Folgebeiträge erlauben den Zuhörerinnen und Zuhörern, die Schauspielerin bei ihren Ermittlungen noch etwas länger zu begleiten.

Der Hörbeitrag ist im Rahmen des deutsch-polnischen Projektes „Die Akte Sidonia" (Akta Sydonii) entstanden. Unter diesem Stichwort kann die Geschichte der Adligen in sozialen Netzwerken und auf dem Blog unter www.S1620.eu nachgelesen werden. Zusätzlich wurden Flyer und Broschüren veröffentlicht. Ziel ist es, Sidonias Schicksal quellenbasiert wiederzugeben, die Aussagen von Expertinnen und Experten bekannter zu machen sowie die faszinierende Geschichte der Region mit dem weitgehend noch unerforschten dunklen Kapitel der Hexenverfolgung aufzugreifen. Für das alles steht die Geschichte Sidonia von Borckes.

Das Vorhaben wird unter der Leitung des Kulturreferats für Pommern und Ostbrandenburg am Pommerschen Landesmuseum und des Theaters Brama aus Gollnow (Goleniów) umgesetzt. Der interdisziplinäre Ansatz wird durch die enge Zusammenarbeit mit Einrichtungen aus Polen und aus Deutschland verstärkt. Dank der Unterstützung der Digitalen Bibliothek Mecklenburg-Vorpommern, der Universität Greifswald und des Landesarchivs Greifswald kann die Kampagne „Die Akte Sidonia" (Akta Sydonii) auf wichtige Archivunterlagen und digitalisierte Sammlungen zugreifen und sich mit einem Bildnis von Sidonia von Borcke legitimieren. Das

KULTUR AKTUELL

Katja Klemt beim Lesen von Akten im Landesarchiv Greifswald (Foto: Pommersches Landesmuseum)

Projekt wird durch die Europäische Union aus Mitteln des Europäischen Fonds für regionale Entwicklung unterstützt (Fonds für kleine Projekte Interreg V A Mecklenburg-Vorpommern / Brandenburg / Polen in der Euroregion Pomerania).

Wir öffnen die Akte Sidonia! Erfahren Sie mehr über die Hexenverfolgung im Herzogtum Pommern im 16. und 17. Jahrhundert. Die Hörbeiträge in polnischer und deutscher Sprache sind verfügbar auf der Projektwebseite unter www.S1620.eu und auf dem YouTube-Kanal des Pommerschen Landesmuseums. Der erste Audiobeitrag wurde Anfang März 2021 veröffentlicht, die anderen beiden Folgen in den kommenden Monaten.

https://www.facebook.com/SvB1620/
https://www.instagram.com/aktasydonii_die-aktesidonia/

Bildnachweis:
Dorota Makrutzki

Gedenkstein für die Wüstung „Klappenkrug" (Foto: Dr. Anna-Konstanze Schröder)

Anna-Konstanze Schröder

Heimatforschungskrimi
um die Wüstung Klappenkrug

„**Ich habe** an dem ehemaligen Ort Klappenkrug ein Holzkreuz gefunden. Das scheint neu aufgestellt worden zu sein. Darauf sind Initialen angebracht. Können Sie mir weiterhelfen, auf wen sich diese Initialen beziehen?" So fragte Helmut Zinck im Herbst 2020 beim Heimatverband MV an. Er hatte bei der Erforschung seiner Familiengeschichte Vorfahren in einem Ort namens Klappenkrug gefunden, den es heute nicht mehr gibt. Damals muss dort wohl eine Schmiede gestanden haben, denn sein Vorfahr war Schmiedemeister. Das Kreuz weise vielleicht auf einen Pilgerweg hin, denn das Kloster Tempzin liegt ja ganz in der Nähe. So begann ein Heimatforschungskrimi, an dessen Ende viele Beteiligte einen Gedenkstein für die Wüstung Klappenkrug mit Hinweistafel und Sitzbank inmitten von Wald und Feld errichteten.

Die Anfrage zu den Initialen C.J. v T.-B. & M.T. v T.-B. 1967–2017 bei der Stiftung Mecklenburg und beim Verein für Mecklenburgische Familien- und Personengeschichte half zunächst nicht weiter, aber das Amt in Sternberg konnte aufklären: Familie Frhr. von Türckheim-Böhl. Herr Zinck nahm daraufhin mit Frhr. von Türckheim-Böhl Kontakt auf, der inzwischen als Wiedereinrichter dort eine Landwirtschaft betreibt. Den von Böhls gehörte viele Jahrhunderte bis 1945 das Gutsland, geflohen nach Süddeutschland und später dort verheiratet, hat sich die ältere Generation in Klappenkrug einen Erinnerungsort zur Goldenen Hochzeit an der früheren Gutsgrenze geschaffen. Ein Pilgerweg führt dort also nicht entlang, auch wenn er es könnte. Ein Abstecher der Wanderer vom St. Birgitta-Weg, ausgehend vom Kloster Tempzin oder vom Naturparkwanderweg aus dem nahegelegenen Naturpark Sternberger Seenlandschaft, lohnt sich.

Aber was hat es mit diesem Ort „Klappenkrug" auf sich? Es war tatsächlich ein Ort mit

KULTUR AKTUELL

Schmiede, Gasthof (Krug) und Ausspanne auf einem Postweg. Eine Schranke (Klappe) verhinderte die Durchfahrt, die erst bei Zahlung des Wegegeldes gewährt wurde. Das und noch viel mehr trugen die beiden Historiker und Ortsforscher Dr. Gerhard Wils und Tom Clauß zusammen. Die Ortschaft hieß bei ihrer Gründung Adlig Jarchow, wurde aber im 19. Jahrhundert als Klappenkrug aufgeführt und hatte um 1870 stolze 27 Einwohner*innen. Der Schmiedemeister am Ort war Helmut Zincks Urgroßvater Johann Heinrich Wilhelm Zinck. Dessen Sohn blieb nicht dort, die Schmiede übernahmen Heinrich und Henrike Vorwerck. Mit der Aufschüttung des Paulsdamms und dem nahegelegenen Chausseebau wurde die Poststrecke verlegt. Als 1914 die Schmiede nach einem Blitzschlag abbrannte, gaben die Einwohner die Siedlung auf. Selbst Reste der Gebäude sind schon lange nicht mehr zu sehen.

Um diesen historischen Ort wieder sichtbar zu machen, an dem früher Menschen lebten und wirkten, überlegten sich Helmut und Sigrid Zinck, dort einen Gedenkstein zu errichten. Sie beantragten Fördermittel beim Heimatverband MV für Steinmetzarbeiten und den Transport eines Findlings. Den spendete der örtliche Landwirt Christian Schlüter. Dazu stellte der Bürgermeister Sieghard Dörge von der Gemeinde Kloster Tempzin eine Bank auf und sorgt auch zukünftig für die Mäharbeiten an der Stelle. Und auch eine Gedenktafel mit Informationen zur Geschichte des Ortes kam hinzu – ganz modern mit einem QR-Code, der auf eine Internetseite zur Wüstung verweist. Diese füllt der Historiker Tom Clauß mit weiteren Forschungsergebnissen, denn er weiß mehr zu dem Ort, als auf diese Tafel passt. Auch aktuelle Recherche-Ergebnisse können so von den interessierten Wanderern gefunden werden.

Am 17. Mai 2021 haben Helmut und Sigrid Zinck zur Einweihung des Gedenksteins für die ehemalige Ausspanne Klappenkrug in den Wald östlich des Schweriner Sees eingeladen. Alle Beteiligten kamen gern, nicht nur die oben genannten. Auch Dietmar Gonsch vom Verein Sagenland MV und Jan Lipke vom nahegelegenen Naturpark bekundeten durch ihre Anwesenheit ihr weiteres Interesse und ihr Engagement für die Sache. Viele Visitenkarten wurden ausgetauscht.

Uns im Heimatverband MV freut es besonders, dass mit wenigen Fördermitteln doch für eine Sache ein so großes Netzwerk von Heimatengagierten zusammenfand. Insbesondere konnten wir das Heimatengagement eines einzelnen unterstützen, das doch mit Geld nicht zu bezahlen ist.

Bildnachweis:
Dr. Anna-Konstanze Schröder

Feierliche Einweihung am 17. Mai 2021 (Foto: Dr. Anna-Konstanze Schröder)

Karola Stark

Die 1. Plattdeutsche Woche in Mecklenburg-Vorpommern

„Schnacken Sei Platt?" Das war das Motto der 1. landesweiten Plattdeutschen Woche in MV, die vom 29. Mai bis zum 6. Juni 2021 stattfand. Der Heimatverband hatte aufgerufen und die Mitglieder, Engagierten, Medien und Kulturschaffenden haben die Einladung angenommen und mitgemacht, die Ministerpräsidentin Manuela Schwesig hat die Schirmherrschaft übernommen.

Eröffnet wurde die Woche, anders als geplant, nicht mit dem 7. Plattdütsch Bäukerdag, sondern mit einem Pressegespräch im wunderschönen Ambiente des Botanischen Gartens Rostock. Der Rektor der Universität Rostock, Professor Dr. Wolfgang Schareck, fand ebenso wie der Vorsitzende des Heimatverbandes, Dr. Martin Buchsteiner, inspirierende und wertschätzende Worte für das große Vorhaben. Hier wurde auch das schönste Plattdeutsche Wort des Jahres, „butschern", verkündet, eingereicht von einer 13-jährigen Schülerin aus der Region Demmin. Der „Unkel-Bräsig-Preis" wurde an Susanne Bliemel verliehen.

Mehrere Plattakteure konnten ihre aktuellen Angebote vorstellen, so Johanna Bojarra ihr „#herzplatt-Projekt" zum Mitmachen.

Landesweit lud ein vielfältiges, buntes Programm zum Mitmachen und vor allem zum Plattschnacken ein. Ob Comedy, Theater, Ausstellungen, Vorträge, Lesungen, Mitmachprojekte, alles war vorbereitet.

Das umfangreich geplante „Festival up Platt" im soziokulturellen Zentrum St. Spiritus in Greifswald nutzte die vorhandene digitale Infrastruktur, um seine Zuschauer zu erreichen. So war das plattdeutsche Mitmachprogramm für Kinder mit Lars Engelbrecht und eine Lesung mit Ulrike Stern nun landesweit digital zu erleben. Der Plattdeutschkring lud zum Mitschnacken ein, und die Figurentheateraufführungen wurden in Kitas angeboten. Die Künstlerin Christine Meyer zeigte ihre schöne Ausstellung „Liebenswertes und Lästerliches auf Platt", in der sie pommersche Redensarten humorvoll illustrierte. Eine witzige Plakataktion lud dazu ein, sich auf die Suche nach Platt im Alltag zu begeben.

Die Rostocker Plattakteure vom Verein „Klönschnack Rostocker 7" und der Folkloregruppe „Nuurdwind" zeigten im Botanischen Garten kleine Programme. Überrascht wurden die Rostocker bei der Fahrt in der Straßenbahn durch Ansagen auf Platt. Diese wurden in einem langfristig angelegten Projekt in Zusammenarbeit mit dem Internetradio Warnow Rostock, der Straßenbahn AG Rostock, dem Heimatverband und vielen Aktiven zunächst zusammengetragen, z.T. neu gedichtet und schließlich eingesprochen. Wir hoffen sehr, dass sich andere Kommunen davon inspirieren lassen und es künftig solche humorvollen Ansagen auch in weiteren Städten geben wird.

Der in Güstrow geplante „Tag der Heimatbildung" wurde verschoben. Dennoch konnten Interessierte an einem digitalen Schnupperkurs „Heimatschatzkiste" teilnehmen oder sich in einem Online-Vortrag aus Ostfriesland über Erfahrungen mit Zweisprachigkeit (Hoch- und Plattdeutsch) informieren.

In verschiedenen evangelischen Kirchen des Landes, z. B. in Kirch Stück, Warnemünde, Barth

KULTUR AKTUELL

Eröffnung der Plattdeutschen Woche (Foto: Karola Stark)

oder Bad Doberan, wurden Gottesdienste auf Platt gefeiert.

Auf der Internetseite des Heimatverbandes wurden nicht nur die aktuellen Veranstaltungen beworben. In einer virtuellen „Kramkist" konnten sich die Akteure z. B. Plakatvorlagen für eigene Veranstaltungen und auch andere Materialien kostenlos herunterladen. Akteure wurden eingeladen, die vielfältigen digitalen Angebote zum Plattdeutschhören, -sehen und -selbermachen zu nutzen. Hinzu kamen die Aktivitäten in den medialen Netzwerken wie Facebook. Hier gab es täglich einen plattdeutschen Spruch des Tages und Informationen zu den Veranstaltungen.

Was sich der Heimatverband erhofft hat, ist eingetreten: Plattdeutsch ist ein Gemeinschaftsprojekt, an dem sich viele unterschiedliche Akteure im ganzen Land beteiligt haben. Der Corona-Pandemie geschuldet, konnte dann leider manches nicht stattfinden oder erst gar nicht geplant werden. Dennoch ist es gelungen, unsere schöne plattdeutsche Sprache öffentlich deutlich sichtbarer und lauter und vielfältiger hörbar zu machen, denn Platt war auch Dank der Medien, die sich mit ideenreichen Beiträgen und unterschiedlichen Formaten an der Plattdeutschen Woche beteiligt haben, in aller Munde.

Dies will der Heimatverband unbedingt fortsetzen, und es wird im Jahr 2022 wieder eine Plattdeutsche Woche in Mecklenburg-Vorpommern geben, zu der alle Akteure und Interessierten eingeladen sind, sich mit eigenen Programmen, guten Ideen und modernen Formaten zu beteiligen.

Der „Plattkring" im St. Spiritus Kulturzentrum Greifswald (Foto: Karola Stark)

Bildnachweis:
Dr. Karola Stark

KULTUR AKTUELL

Hartmut Schmied

„Die Vielfalt des Sagenerzählens in Mecklenburg-Vorpommern"
wurde Immaterielles Kulturerbe

Am 19. März 2021 wurde in einem gemeinsamen Schreiben der Deutschen UNESCO-Kommission (DUK) und der Kultusministerkonferenz den beiden Antragstellern Dr. Hartmut Schmied (CRYPTONEUM Legenden-Museum, Rostock) und Wolfgang Woitag (Sagen- und Märchenstraße MV e.V., Gadebusch) eine lang erhoffte Nachricht mitgeteilt. Die Geschäftsstelle Immaterielles Kulturerbe (IKE) der DUK informierte darüber, dass das ehrenamtliche Projekt „Die Vielfalt des Sagenerzählens in Mecklenburg-Vorpommern" in das Bundesweite Verzeichnis des Immateriellen Kulturerbes aufgenommen wurde.

So heißt es in dem Schreiben: „Dazu gratulieren wir Ihnen auch im Namen aller Mitglieder des Expertenkomitees Immaterielles Kulturerbe bei der Deutschen UNESCO-Kom-

Einweihung des „Räuber Röpke-Sagensteins" mit dem Kulturverein Sagenland M-V e. V. im Februar 2015 in der Waldlewitz bei Sukow (Foto: Dieter Gonsch)

Sagenfiguren-Darstellende (u. a. Petermännchen, Räuber Vieting) des Sagen- und Märchenstraße MV e. V. nahe Gadebusch im Jahr 2019 (Foto: Brigitte Bullerjahn)

mission ganz herzlich. Im Unterschied zu Märchen haben Sagen in der Regel einen spezifisch lokalen und regionalen Charakter. Die mündlich überlieferte Literatur steht immer auch in Bezug zu dem regionalen Kultur- und Naturerbe und bleibt durch aktives Erzählen lebendig. Das Expertenkomitee würdigt, dass dies beispielhaft für die Vielfalt des Sagenerzählens in Mecklenburg-Vorpommern gilt. Hier bewahren Erzähler*innen lokale Sagen und geben sie dynamisch weiter. Sie organisieren Aktivitäten wie das Erzählen von Sagen in der Natur oder das gemeinsame Begehen von Sagen-Pfaden. Die freien Theater der Region führen lokale Sagen-Stücke und Sagenfiguren bei Volksfesten auf. Das Expertenkomitee hebt hervor, dass der Antrag ein fundiertes, effektives und zukunftsweisendes gutes Praxisbeispiel mit Modellcharakter zur Erhaltung des Immateriellen Kulturerbes zeigt."

Beispielhaft stehen die 75 namentlich erfassten Akteure für den aktuellen, aktiv erzählenden Umgang mit etwa 50000 Sagen beider historischen Landesteile aus etwa 200 Jahren. Die Sagenerzählenden sind teils allein unterwegs oder in einem der beteiligten Vereine organisiert. Dazu gehören der Förderverein des Heimatmuseums der Insel Poel e.V., die Gesellschaft zur Förderung des Wossidlo-Archivs e.V., die Geschichtswerkstatt Rostock e.V., der Kulturverein Sagenland MV e.V., der Landesverband der Freien Theater e.V. sowie die Sagen-und Märchenstraße MV e.V. Die beteiligten Museen mit ihren Sagen-Dauerausstellungen sind im Museumsverband in MV e.V. organisiert.

Für die Sagen-Aktivitäten der 75 Sagenerzählenden wurden sechs Hauptformen des Sagenerzählens identifiziert:

1.) Mündliches Sagenerzählen (n = 7 sagenerzählende Personen)
2.) Sagenerzählen als Theater-Spiel (n = 22)
3.) Bildliches Sagenerzählen (n = 7)
4.) Sagenerzählen mit Objekten vor allem in Museen (n = 9)
5.) Sagenerzählen in gemeinschaftlichen Projekten (n = 7)
6.) Sagenerzählen in Massenmedien (n = 23)

Um auch anderen Bundesländern Anregungen zu geben, wurde das S-A-G-E-N-Programm in fünf Punkten entwickelt:

1. S = Sagenwelt überblicken (Landschaft, Museen, Bibliotheken)
2. A = Akteure kennen (über 100 Sagenerzählende in MV)
3. G = Gesellschaftsstruktur beachten (Ältere, Kinder)
4. E = Erhalten von Kultur und Natur (Originalschauplätze)
5. N = Neue Medien nutzen (Internet, Geocaching, Videos, Soziale Medien)

Für den zukünftigen Erhalt der Sagen braucht es idealerweise dreierlei Zutaten: 1.) den Menschen als Erzähler*in, als Zuhörer*in, als Zuschauer*in oder als Leser*in, 2.) die Sagen als starke Geschichten und 3.) ganz entscheidend: weiterhin erlebbare Objekte in Natur und Kultur, die die Sagen möglichst aktuell und nachhaltig illustrieren.

Weitere Informationen: www.cryptoneum.de/news

Bildnachweis:
Dr. Hartmut Schmied

Die elfjährige Luise Klotzin liest 2016 in der Fachwerkkirche zu Luckow ihre Geschichte „Der Teufelsgraben" aus dem Buch „Das Haff ist gefährlich – Sagenhaftes vom Stettiner Haff" vor. (Foto: Marion Hornung)

Dreharbeiten des Filmkollektivs Studio Uecker im Pilot-Residenzort Nieden – Sabine Heuer beim Tanz im Gemeindesaal, 2021

Sascha Koob

Die Dorfresidenzen des Kulturlandbüros – Eine neue künstlerische Praxis für den ländlichen Raum

Das Kulturlandbüro auf Schloss Bröllin übernimmt mehrere Aufgaben für Uecker-Randow: Es ist Ankerpunkt für das Netzwerk aller Kulturinteressierten, berät zu Fördermitteln sowie zur Veranstaltungsorganisation, setzt partizipative Kulturformate um und sorgt für die Sichtbarkeit des kulturellen Reichtums der Region. Diese Kombination ist eine Besonderheit unter vergleichbaren Einrichtungen in Deutschland. Mit den partizipativen Formaten schafft das Kulturlandbüro Anlässe für Begegnung und kulturellen Austausch und möchte so Potenziale vor Ort aktivieren und Gemeinschaft stiften. Als Netzwerker berät es weitere interessierte Gemeinden und unterstützt gleichzeitig neue Ideen, die aus den partizipativen Formaten vor Ort entstehen.

Im Rahmen einer Dorfresidenz des Kulturlandbüros sind Einwohner*innen dazu eingeladen, Kunstschaffende auszuwählen, die für einige Monate in ihrem Ort leben. Die Künstler*innen werden gemeinsam mit den Bewohner*innen zu lokalen Themen, Bedarfen und Geschichten künstlerische Ideen entwickeln und umsetzen. Das Kulturlandbüro vermittelt die Künstler*innen und begleitet die Arbeitsprozesse. Kern dieser partizipativen Dorfresidenzen ist die Begegnung von Bürger*innen und Künstler*innen auf Augenhöhe. Weder soll ein Kunstprojekt durch einen Ort „bloß" in Auftrag gegeben noch Künstler*innen nur als Beobachter*innen vor Ort präsent sein. Auf beiden Seiten sollte die Bereitschaft zum offenen Austausch die Grundlage für den Willen zur Umsetzung einer Dorfresidenz bilden.

Filmcrew bei der Arbeit in der Dorfkirche Nieden

Um das Selbstverständnis einer Begegnung auf Augenhöhe mit wechselseitigem Nutzen für die Gemeinde und den/die Künstler*in zu fördern, ist viel Kommunikationsarbeit nötig. Das Kulturlandbüro führt dazu zahlreiche Gespräche vor Ort und setzt einen komplexen Auswahlprozess um. Dieser Prozess mit drei Jurys dient nicht nur der transparenten Auswahl der Künstler*innen, sondern trägt auch dazu bei, dass sich alle Beteiligten intensiv mit Kunst, Kunstprojekten und deren möglicher Bedeutung für die (eigene) Gemeinde auseinandersetzen. Auf diese Weise – so wie auch später, wenn der/die Künstler*in vor Ort lebt und arbeitet – kommt es zu einer Beschäftigung mit dem Selbstverständnis des Ortes. Dieser Prozess setzt sich in den Orten fort, sobald die Künstler*innen dort leben und arbeiten.

In der ersten Runde 2021 wurde dafür folgendes Prozedere gewählt:

1. Gemeinden, Gemeindeteile oder Gemeindeverbünde aus Uecker-Randow bewerben sich auf eine Ausschreibung des Kulturlandbüros als Austragungsort für eine Dorfresidenz (Auswahl von zwei bis fünf durch die Lenkungsgruppe des Kulturlandbüros)
2. Kunstschaffende aller Sparten (Bildende Kunst, Darstellende Kunst, Literatur, Film etc.) bewerben sich auf eine Ausschreibung des Kulturlandbüros (Vorauswahl von zwölf Künstler*innen und -gruppen durch eine Jury, die sich aus Mitgliedern des Kulturbeirats Vorpommern-Greifswald sowie drei externen Expert*innen für partizipative Kunstprojekte zusammensetzt)
3. Für jeden ausgewählten Ort wird eine Jury aus interessierten Bewohner*innen gebildet. (endgültige Auswahl einer Person oder von Personengruppen aus den zwölf Künstler*innen für jeden Ort)

Ob der Auswahlprozess in dieser Weise zielführend ist oder künftig verändert werden muss, werden die Erfahrungen aus der Umsetzung ab Herbst 2021 zeigen. Hier, wie in allen anderen Kontexten, handelt das Kulturlandbüro als Modellprojekt auf Basis unvollständigen (Prozess-) Wissens. Da schlichtweg noch keine überall funktionierenden Prozesse in diesem Bereich existieren, gibt es keine Alternative zu dieser zu erprobenden Praxis. Nur durch die praktische Umsetzung neuer Prozesse, der Evaluation der Ergebnisse, die anschließende Nachjustierung oder sogar Neufassung der Vorgehensweise und wiederum deren Umsetzung kann in diesem Feld agiert werden und Innovation gelingen.

Bildnachweis:
Sascha Koob

Gestatten, Karola Stark,
Geschäftsstellenleiterin Vorpommern

Das Wort Heimat ist nicht so einfach in andere Sprachen zu übersetzen. Umstritten und unterschiedlich ist die Deutung. Für mich ist Heimat da, wo meine Familie ist, die schöne mecklenburg-vorpommersche Landschaft, die Seen, Wälder, Haff und Ostsee und ganz besonders die Menschen. Heimat bedeutet für mich neben der Vertrautheit auch immer Veränderung.

Aufgewachsen bin ich in Groß Nemerow, einem Dorf in der Nähe von Neubrandenburg, einer Region, der ich mich bis heute eng verbunden fühle. Dort bin ich zur Schule gegangen, habe in Neubrandenburg das Abitur gemacht.

Seit vielen Jahren bin ich mit den unterschiedlichsten Bereichen der Geschichte und der Heimatpflege vertraut. Dies begann mit dem Studium zur Diplomlehrerin für die Fächer Geschichte und Deutsch an der Ernst-Moritz-Arndt-Universität Greifswald. Hier habe ich auch im Forschungsbereich Stadt- und Hansegeschichte zur Chronistik der Hansestadt Stralsund promoviert, war in Forschung und Lehre tätig und später Museumsleiterin im Haffmuseum Ueckermünde.

Im Landesheimatverband MV konnte ich Erfahrungen bei der Beratung von Chronisten und der Herausgabe von verschiedenen Publikationen sammeln. Auch mit den Heimatstuben und Museen der näheren und weiteren Umgebung verbinden mich zahlreiche langjährige Kontakte.

Eine wichtige Motivation, mich für die neu zu besetzende Stelle der Geschäftsstellenleiterin Vorpommern des 2015 neu gegründeten Heimatverbandes MV zu bewerben, ist der Ansporn, die Heimatpflege in ihren verschiedensten Ausprägungen und das Ehrenamt insbesondere in Vorpommern zu stärken, Menschen miteinander in Kontakt zu bringen und ein noch lebenswerteres Umfeld – Heimat – zu ermöglichen. Auch die Aufgabe, die Bereiche Niederdeutsch und Chronikarbeit im gesamten Bundesland zu unterstützen und zu koordinieren, betrachte ich als ein spannendes und interessantes Arbeitsfeld. Mit dem Niederdeutschen habe ich mich bereits vor vielen Jahren aus historischer Sicht in meiner Diplomarbeit über das Mittelniederdeutsche als wichtiges Kommunikationsmittel im hansischen Raum auseinandergesetzt. Interessiert hat mich unsere plattdeutsche Sprache aber schon immer. Seit Kindesbeinen sprachen meine Mutter und Tanten Platt miteinander, nicht aber mit uns Kindern. Da diese Kontakte sich generationenbedingt verringert haben, spreche nun ich seit einigen Jahren mit meiner hochbetagten Mutter unsere schöne Sprache.

Ehrenamtlich bin ich Mitglied in verschiedenen Vereinen, so in der Gesellschaft für Pommersche Geschichte, Altertumskunde und Kunst und im Hansischen Geschichtsverein, war u.a. Vorstandsmitglied im Heimatbund „August Bartelt" und im „Speicher e.V." Ueckermünde. Hier wurden und werden vielfältige Veranstaltungen unterschiedlichster Art geplant und durchgeführt, auch über die Landesgrenzen hinweg in Kooperation mit unseren polnischen Nachbarn.

Überhaupt ist mir der Blick über Mecklenburg-Vorpommern hinaus, auch bedingt durch die Tätigkeit meines Mannes, durchaus vertraut. Obwohl wir an verschiedenen Orten im In- und Ausland gewohnt haben, war es uns sowohl für unsere Kinder als auch für uns selbst immer wichtig, im vorpommerschen Ueckermünde, wo wir seit vielen Jahren zu Hause sind und uns sehr wohl fühlen, einen Heimatort zu haben.

Ich bin seit fast einem halben Jahr Geschäftsstellenleiterin des Heimatverbandes in Ferdinandshof. Die Vorbereitung und erfolgreiche Durchführung der 1. Plattdeutschen Woche gemeinsam mit vielen Akteuren im ganzen Land war eine sehr spannende Zeit, zumal die besonderen Umstände der Corona-Pandemie auch alle Mitstreiter und den Heimatverband vor immer neue Herausforderungen gestellt haben. Weitere Veranstaltungen sind nach der langen Corona-Pause in Planung. Besonders freue ich mich auf den direkten Kontakt mit den Mitgliedern und Interessierten. Der Heimatverband lebt von der Mitarbeit ehrenamtlich Engagierter.

Ich freue mich auf die weitere gemeinsame Arbeit, bedanke mich für die Anregungen und die Unterstützung und bringe meine Erfahrungen, Überlegungen sowie mein Engagement sehr gerne ein.

Bildnachweis:
Dr. Karola Stark

KULTurSPEICHER in der Ueckermünder Bergstraße

Katrin Starke

Der **KULTurSPEICHER** Ueckermünde

Der KULTurSPEICHER in Ueckermünde ist ein denkmalgeschützter alter Fachwerkspeicher aus der wirtschaftlichen Blütezeit der Stadt Ueckermünde von ca. 1850. Das Gebäude wurde als Getreidespeicher genutzt. Gut erhalten sind die großen Räder zum Aufziehen der Lasten. Zu ebener Erde diente das Haus zum Ausspannen und Umspannen der Pferde.

Ab 1990 stand das Gebäude leer und konnte wegen maroder Bausubstanz nicht mehr genutzt werden.

Im Jahr 1999 gründete sich der Speicher e.V. mit dem Ziel, den im Zentrum der Stadt Ueckermünde stehenden Gebäudekomplex zu erhalten, nach denkmalpflegerischen Vorgaben zu sanieren und einer sinnvollen Nutzung zuzuführen. Am 21. April 2007 wurde das Gebäude nach sechs Jahren Bauzeit eingeweiht. Für die gelungene Sanierung erhielten wir als Verein 2004 eine Auszeichnung als Referenzprojekt für Mecklenburg-Vorpommern von der Stiftung Denkmalschutz und Deutschlandradio. 2017 wurden wir mit dem Friedrich-Lisch-Denkmalpreis des Landes MV ausgezeichnet.

Die damalige Nutzungskonzeption zielte darauf ab, die touristische Infrastruktur der Stadt Ueckermünde zu stärken und für Gäste und Einheimische ein Zentrum für Kunst und Kultur zu werden. Daran halten wir bis heute erfolgreich fest. Seit 2007 betreiben wir im Dachgeschoss eine „Galerie unterm Dach", in der mittleren Etage gibt es einen Veranstaltungsraum für Konzerte, Lesungen und Vorträge. Eine kleine Bibliothek lädt zum Verweilen ein. Im Erdgeschoss können Gäste in den vielfältigen Angeboten unseres Regionalwarenladens stöbern.

Die Möglichkeit, im Zentrum von Ueckermünde in einem wunderbaren Ambiente ihre Waren anbieten zu können, ist für Kunsthandwerker und Kleinproduzenten regionaler Lebensmittel eine Möglichkeit zur eigenen Existenzsicherung und eine wichtige Stärkung der regionalen Wertschöpfungskette. Gleichzeitig ist dieser Laden eine Attraktion für Touristen, die Ueckermünde besuchen.

Der KULTurSPEICHER Ueckermünde ist ganzjährig wochentags täglich von 10 bis 16 Uhr geöffnet, in der Urlaubssaison auch sonnabends. Fast täglich kann man aus einem vielfältigen Kursprogramm Aktivitäten wie Tanzen, Yoga, Nähen usw. wählen. Ein- bis zweimal im Monat laden wir zum Konzert ein. Das Repertoire reicht von Weltmusik über Liedermacher, Kleinkunst bis zu Klassik, von Künstlern aus aller Welt auf hohem Niveau dargeboten. Mittlerweile sind wir zu einem bekannten und begehrten Veranstaltungsort geworden. Das vielfältige kulturelle Angebot wird von Besuchern aus der gesamten Uecker-Randow-Region und darüber hinaus gern genutzt. Ein Highlight für den Verein ist in jedem Jahr unser Weihnachtsmarkt, der schon Kultstatus erreicht hat.

So war es vor Corona. Wie alle anderen Kulturvereine auch, mussten wir unsere Aktivitäten stark einschränken. Dennoch gelang es uns, seit Dezember 2020 mit gestreamten Konzerten den Kontakt zu unseren sonst so zahlreichen Gästen zumindest teilweise wieder aufzunehmen.

Seit April 2021 gibt es im Speicher einen Co-Working Space, um einerseits Menschen, die im Ort im Homeoffice sind oder hoffentlich sehr bald wieder im Urlaub, einen attraktiven zeitweiligen Arbeitsplatz anzubieten, andererseits aber auch, um neue Wege für die kostendeckende Betreibung unseres Hauses zu eröffnen.

Der Regionalladen bietet ein vielfältiges Angebot an Lebensmitteln und Kunsthandwerk an.

Unser Dilemma ist, dass wir zwar sehr erfolgreich unsere inhaltliche Arbeit im Sinne des Vereinszieles umsetzen, aber ein Kulturhaus dieser Größe und mit den genannten Aktivitäten sich finanziell nicht tragen kann. Für eine ehrenamtliche Weiterführung des Hauses, wie bisher, sind die anfallenden Arbeiten viel zu umfangreich geworden. Wir kämpfen seit Jahren um eine solide, verstetigte Finanzausstattung unseres Hauses durch die Stadt, den Landkreis und das Land, um die Existenz unseres KULTurSPEICHERs im Interesse der hier lebenden Menschen zu sichern – leider bisher ohne Erfolg.

Wir laden Sie ganz herzlich ein, sich auf unserer Website www.speicher-ueckermuende.de ein umfassendes Bild über unsere Arbeit zu machen. Oder schauen Sie doch einfach vorbei, wenn Sie hier in der Region sind. Wir freuen uns auf Ihren Besuch.

Bildnachweis:
Katrin Starke

Andrea Theis

HEIMAT – lost and found.
Über das Weggehen, das Ankommen und das Hierbleiben

Das Krumme Haus – Heimatmuseum, Dokumentation zum politischen Missbrauch des Strafvollzugs und Bibliothek der Stadt Bützow – führte mit einer Förderung der Kulturstiftung des Bundes im Fonds Stadtgefährten von Januar 2019 bis September 2020 das generationsübergreifende Projekt „HEIMAT – lost and found. Geschichten vom Weggehen, Ankommen und Hierblieben" durch. Der Bützower Verein PferdemarktQuartier e. V. war Kooperationspartner. Im Fonds Stadtgefährten ist eine Unterstützung explizit für Heimat- und Stadtmuseen in Orten mit weniger als 250 000 Einwohner*innen vorgesehen. Über einen Zeitraum von sechs Jahren wurden bundesweit 38 Projekte mit einem Gesamtbudget von rund 6,5 Millionen Euro gefördert. Eines davon war „HEIMAT – lost and found".

Die Förderung ermöglichte es dem von Sabine Prescher geleiteten Krummen Haus, mit zeitgenössischen künstlerischen Strategien zu experimentieren und sich in den öffentlichen Raum hinaus zu bewegen, zu den Bürger*innen hin und in die Stadtgesellschaft hinein, den Aktionsradius des Museums erweiternd.

Unter großer Mitwirkung der Bützower*innen aller Generationen haben wir mit unterschiedlichen künstlerischen Aktionen, Workshops, Ausstellungen und Vorträgen die Bedeutung von Heimat für ein Individuum, die Bedingungen für das Sich-Beheimaten, insbesondere aber den Verlust und die Möglichkeiten der (Neu-)Gestaltung von Heimat vor dem Hintergrund der Bützower Geschichte künstlerisch beforscht. Historische Schwerpunkte bildeten hier die Erfahrungen von Heimatverlust durch Flucht und Vertreibung in den Jahren nach dem Zweiten Weltkrieg und die Zeit des Systemumbruchs um 1989/90 durch das Ende der DDR.

Den angewandten künstlerischen Formaten liegt eine sogenannte performative Ästhetik zugrunde, deren Eigenschaften wie beispielsweise Prozesshaftigkeit, Interaktion, Partizipation, Irritation oder das Hervorbringen von Unerwartetem es ermöglichen, im gemeinsamen Tun und Erleben Erkenntnisse mit allen Sinnen zu gewinnen. Es gilt, mit dieser künstlerischen Her-

Auftritt des 1. Bützower Sprechchores auf dem Bützower Wochenmarkt, 2019 (Foto: Andrea Theis)

angehensweise Möglichkeitsräume zu schaffen, in denen sich alle beteiligten Akteur*innen sicher fühlen, sich öffnen können, in einen Dialog miteinander treten, über sich hinauswachsen, vielleicht über ihren Schatten springen und – für eine bestimmte Zeit – eine intensive Beziehung miteinander eingehen.

Am deutlichsten haben dies sicherlich die Mitglieder des zu Beginn des Projektes gegründeten 1. Bützower Sprechchores erlebt. Allesamt waren sie Neulinge im Fach und stammten aus ganz unterschiedlichen Generationen. Mit viel Engagement und Lust an der Sache haben sie zunächst mit Schauspielerin Sara Klapp, nachfolgend mit den Theaterpädagoginnen Nefeli Angeloglou und Lea Liepe zu den jeweiligen Themenschwerpunkten gearbeitet und daraus vier kurze, bewegende Programme im Laufe von 19 Monaten zur Aufführung gebracht.

Eine nostalgische Eisdielengarnitur platzierten Sara Klapp und ich in Wohngebieten und auf Plätzen in Bützow. Wir waren damit auch zu Gast bei der Volkssolidarität und in der JVA Bützow. Die Intervention HEIMAT VOR ORT war vor allem eine Einladung zum Dialog mit den Menschen darüber, was sie mit dem Begriff Heimat verbinden. Um den Einstieg in die Überlegungen zu erleichtern, waren die Gäste eingeladen, aus einer Vielzahl von Begriffen und Beschreibungen über Heimat, die sternförmig auf der Tischdecke aufgebracht waren und stets ergänzt wurden, die für sie fünf wichtigsten auszuwählen und mit Spielfiguren zu markieren. Lange Gespräche mit überraschenden Erzählungen öffneten den Heimatforscherinnen erhellende Einblicke in die Komplexität des Heimatbegriffs.

In einer Workshop-Reihe gestalteten insgesamt 52 Teilnehmende im Alter von 6 bis 71 Jahren persönliche Fahnen, die ihren Platz im Leben markieren. Die Workshops führten Graffiti-Künstler Karl-Michael Constien und ich mit und in bestehenden Einrichtungen durch – wie beispielsweise mit der Regionalschule, dem Freizeittreff für Kinder, dem Jugendclub Domizil, dem Kultursalon des Projektpartners PferdemarktQuartier e. V. und der Volkssolidarität.

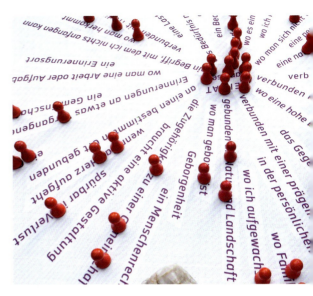

Wortstern „Heimat kann sein" auf der Tischdecke „Heimat vor Ort" (Foto: Andrea Theis)

Die Schülerinnen der Foto-AG der Schule mit dem Förderschwerpunkt Lernen griffen das Thema mit Medienpädagogin Elisabeth Zink auf und entwickelten individuelle erzählerische Fotoserien zu einem von ihnen gewählten Aspekt von Heimat. Zusammen mit den Tischfahnen der Regionalschülerinnen zeigten wir die Fotoarbeiten in einer ersten Ausstellung im Juni 2019 mit dem Titel MIKROKOSMOS HEIMAT.

Die zweite Ausstellung im Winter widmete sich dem Thema „Ankommen in der Fremde nach Flucht und Vertreibung in den Jahren nach dem Zweiten Weltkrieg". Von der Stiftung Mecklenburg konnten wir die von Historikerin Brit Bellmann wissenschaftlich erarbeitete, detailreiche Wanderausstellung „Geflüchtet, vertrieben, entwurzelt. Kindheiten in Mecklenburg 1945–1952" übernehmen. Ergänzt habe ich die Ausstellung mit Erzählungen von Zeitzeug*innen aus Bützow, veranschaulicht durch Objekte, Originaldokumente und Fotografien, die sie uns freundlicherweise zur Verfügung gestellt hatten. Das sehr gut besuchte Vortragsprogramm und das Erzählcafé machten deutlich, wie relevant

AUS DEN VEREINEN

Zeitzeuginnen im Gespräch mit Kindern und Jugendlichen (Foto: Andrea Theis)

das Thema unter den hochbetagten Zeitzeug*innen sowie deren Familien ist, wie groß ihr Bedarf ist, darüber zu sprechen und wie sehr es von ihnen geschätzt wurde, dass ihre Geschichten und Erlebnisse endlich in Bützow öffentlich wahrgenommen und diskutiert wurden. Eine Brücke in die Gegenwart haben wir mit dem Zeitzeugengespräch im Freizeittreff geschlagen, in dem die beiden jugendlichen Syrerinnen Sana und Muna mit der 78-jährigen Elsa über ihre Erfahrungen zu Wohnen und Schule, Scham und Chancen als Flüchtlinge heute und damals berichteten.

Die Veranstaltungen der dritten Phase fielen der ersten Corona-Welle zum Opfer. Durch eine Projektverlängerung aber konnte die das Projekt zusammenfassende Ausstellung HEIMAT IM MUSEUM im Krummen Haus von August bis September 2020 realisiert und auch besucht werden. Im Mittelpunkt stand die Vielfalt der Heimaten der am Projekt Beteiligten, repräsentiert durch 49 Tisch-, Stock- und Hissfahnen und durch Zitate aus den Gesprächen während der Aktion HEIMAT VOR ORT. Zur Eröffnung wurden die 23 Hissfahnen auf dem Schlossplatz in einer Zeremonie feierlich von den Gestalter*innen aufgezogen. Das Fahnenrondell dominierte in den drei darauffolgenden Wochen den Schlossplatz. Wer die Auftritte des 1. Bützower Sprechchores verpasst hatte, konnte sie durch die Videodokumentationen nacherleben. 14 weiße Damentaschentücher, bestickt mit Zitaten aus den Interviews mit fünf der Zeitzeuginnen, erzählten auf poetische Weise über das Leichte und Schwere des Ankommens als vertriebene und geflüchtete Kinder in Mecklenburg.

Große Teile von HEIMAT IM MUSEUM sind inzwischen in die Dauerausstellung des Krummen Hauses integriert. Der 1. Bützower Sprechchor erarbeitet bereits wieder ein neues Programm. Wer interessiert daran ist mitzumachen, sollte sich unbedingt bei Sabine Prescher im Krummen Haus melden! Die Proben finden donnerstags von 18.30 bis 20 Uhr im Museum statt (soweit es die Umstände der Pandemie zulassen).

Aus der Sektion „Literatur über Heimat" in der Bibliothek können weiterhin Bücher ausgeliehen werden, darunter auch der 160-Seiten starke, von Marco Pahl gestaltete, detailreiche Katalog. Man kann ihn auch beim Krummen Haus bestellen oder online lesen unter: issuu.com/heimat-lost_and_found

Andrea Theis, MFA, Dipl.-Ing., arbeitet seit 1994 als Künstlerin und leitete das Projekt „HEIMAT – lost and found". Seither lebt sie auch in Bützow.

Bildnachweis:
Andrea Theis

AUS DEN VEREINEN

Cornelia Nenz

„Von der Kreide auf Rügen, von den Feldberger Seen ..."

Mecklenburg-Vorpommern sollte endlich ein Landeslied bekommen. Dieser Wunsch erreichte den im Jahr 2015 neu gegründeten Heimatverband MV oft und eindrucksvoll. Also gingen wir ab Mitte 2017 an die Arbeit: planten Abläufe, verfassten eine Ausschreibung, sprachen mit Fachleuten, warben Mittel ein – und was sonst noch dazu gehört.

Die bisher verbreiteten Lieder zu Mecklenburg (besonders das in Wirklichkeit als Oberschlesienlied von dem Starmusiker aus der Zeit des Nationalsozialismus Nil Harms kom-

2. Schön ist es in Rostock, schön ist es in Stralsund,
Neubrandenburg und auch Schwerin.
Und wenn ich mal fort bin, ergreift mich die Sehnsucht,
dann will ich hier schnell wieder hin.
Von der Kreide ...

3. Die Städte an der Küste erzähl'n Dir Geschichten
von der Hanse, vom Hering, vom Meer,
und auch vom Klaus, dem Störtebeker,
ja, auch der gehörte hierher.
Von der Kreide ...

4. Wir Menschen hier oben, wir feiern sehr gern,
essen deftig, weil es uns schmeckt.
Man sagt über uns, wir reden nicht viel,
doch hab'n das Herz auf dem richtigen Fleck.
Von der Kreide ...

Refrain (plattdeutsch):
Von de Klippen up Rügen to de Feldbarger Seen,
von de Elv bet an'n Ostseestrand,
Du büst min Tauhus, de Platz, wo ick lev',
min Mäkelborg-Vörpommern-Land.

AUS DEN VEREINEN

ponierte „Wo die grünen Wiesen") und zur historischen Provinz Pommern (mit dem aus der ersten Hälfte des 19. Jahrhunderts stammenden „Wenn in stiller Stunde" von Adolf Pompe) sind rückwärtsgewandt und längst obsolet.

Nein, ein neues Landeslied sollte es sein, das beide Landesteile vereint. Ob es schließlich vom Landtag zur Landeshymne erhoben werden könnte, würde sich dann zeigen.

In der Folge befassten sich sehr viele Menschen mit dem Gedanken, was das Bundesland Mecklenburg-Vorpommern ausmacht und wie dieser Gehalt in Worte und Musik zu fassen ist. Wir haben einen Prozess eingeleitet, der die nachhaltige Diskussion und das Nachdenken über Identität und Selbstbewusstsein befördert hat. Gleichzeitig war dies auch eine Absage an Heimattümelei sowie an die Besetzung des Heimatbegriffs durch Abgrenzungsbestrebungen und chauvinistisches Gedankengut.

Bis Ende des Jahre 2017 gingen ca. 150 Vorschläge ein. Eine ehrenamtliche Arbeitsjury, bestehend aus neun Literatur- und Musikfachleuten, traf in mehreren Sitzungen eine Vorauswahl. Die Mitglieder der darauf tagenden Ehrenjury wurden aus einem breiten Spektrum von Institutionen und Organisationen in Mecklenburg-Vorpommern eingeladen und entsandt. Diese hielt dann noch vier Einsendungen für preiswürdig. Die Lieder wurden im Internet und im April 2019 in einer Gala im Theater Stralsund bewertet, und das Siegerlied war „Mein Mecklenburg-Vorpommern".

Manche Teilnehmer am Wettbewerb waren schlechte Verlierer; wir mussten noch ein fachliches Gutachten erbitten, das den Vorwurf des Plagiats entkräftete. Der Bund der Steuerzahler stellte an uns einige Fragen. Wir antworteten detailliert in einem fünfseitigen Schreiben, fanden jedoch keine Gnade. Ob das Lied im großen Stil Heimatverbundenheit fördern werde, sei fraglich, meinte man dort – was nicht nur einen NDR-Redakteur veranlasste zu fragen, ob der Bund der Steuerzahler sich jetzt als Zensur-Behörde verstünde.

Die Ostsee-Zeitung spielte das Lied Passanten auf der Straße vor, und das Echo, das heute noch online zu verfolgen ist, war ausgesprochen positiv. Danke!

Ob es sich letztendlich durchsetzt, hängt von vielen Faktoren ab. Wir räumen dem Lied große Chancen ein, denn es ist schwungvoll, freundlich, optimistisch und selbstbewusst.

Bildnachweis:
Dr. Cornelia Nenz

Die Streuobstwiesen in Hermannshagen wurden in den 1930er-Jahren angelegt. (Foto: Ulrike Gisbier)

Ulrike Gisbier

Streuobst – Über Heimat, Wachstum und Zukunft.
Wie die Eintragung als Immaterielles Kulturerbe die Aussichten für die Zukunft verbessert

UNESCO-Auszeichnung

Der Verein Hochstamm Deutschland e.V. hat mit der Eintragung des Streuobstanbaus in die bundesweite Liste des Immateriellen Kulturerbes eine enorme Leistung erbracht. Erst 2018 gegründet, reichte der Verein im Oktober 2019 den Antrag bei der deutschen UNESCO-Kommission ein, im März entschied die Kultusministerkonferenz über den Eintrag. Zwischen Antrag und Entscheidung lagen unzählige Kontaktanbahnungen, Netzwerkarbeit, Korrespondenzen, redaktionelle Aufgaben: 1,3 Millionen Streuobstfreunde als Unterstützende des Antrags beweisen dies eindrucksvoll.

Entwicklung von Streuobst – eine Mammutaufgabe

Wer heute mit dem Thema Streuobst unterwegs ist, weiß, wie sehr es boomt und wie schnell dort offene Türen bei potentiellen Förderern eingerannt werden. Dennoch ist es notwendig

AUS DEN VEREINEN

Die alte Apfelsorte „Gelber Richard" blüht spät und ist selten von Frösten betroffen.
(Foto: Ulrike Gisbier)

Streuobst ist Heimat

Die frühere Geschichte des Obstbaus führt uns in Gärten und Klöster und später durch königliche Erlasse auch in die freie Landschaft hinein. Hier gab es Hochstämme und Unternutzungen verschiedenster Art. Menschen waren lange Zeit örtlich festgelegt, teils um zu wirtschaften oder sich selbst zu versorgen. Mit der Industrialisierung im 20. Jahrhundert rückten Produktionsziele in den Vordergrund, Hochstämme wichen Plantagenobst weniger Sorten. Wenn Heimat heute Verbundenheit mit Orten oder Familiengeschichte bedeutet, so müssen wir auch alte Birnenbäume und von den Großeltern geerbte Apfelwiesen dabei mit einbeziehen. Wer heute Obst aus der Heimat von historischen Sorten verspeisen möchte, muss einen langen Weg gehen: Den richtigen Baum mit der Sorte finden, Reiser schneiden, Reiser auf Unterlagen veredeln, Bäume pflanzen und dann viele Jahre Erziehungsschnitte setzen. Mit der Aktion „Apfel des Jahres" möchte die Landesgruppe MV des Pomologen-Vereins auf alte Sorten hinweisen, so dass sich private und wirtschaftliche Initiativen darauf einstellen können.

Mecklenburg-Vorpommern ist Streuobstland

Ja, vielleicht regt sich bei dieser Behauptung sofort Widerspruch. Denn gemessen an der Zahl der Streuobstwiesen, ihrer Größe oder der wirtschaftlichen Bedeutung des hiesigen Streuobstanbaus ist MV natürlich nicht mit einem Streuobstland wie Baden-Württemberg oder der Werder-Havel-Region vergleichbar. Schauen wir aber auf das Engagement der Menschen hierzulande, stellen wir fest, dass es ein umtriebiges Netzwerk von aktiven Personen, eine vergleichsweise große Landesgruppe des Pomologen-Vereins und daraus resultierend zahlreiche Veranstaltungen gibt, auf denen altes Wissen über Sorten und Anbau erlernt werden kann (zumindest ohne Co-

und wichtig, Streuobstwiesenprojekte weiterzuentwickeln. Denn die Aufgabe, Streuobst zu erhalten und das damit verbundene Wissen und die Kultivierungstechniken zu reproduzieren, ist groß. Obwohl das Thema an Beachtung gewinnt, schlagen die Abgänge der Altbestände mehr zu Buche als Neuanlagen in den letzten Jahren. Dazu kommt, dass die Pflege sowohl von Neuanlagen als auch von Altbäumen gern unterschätzt wird. Wer einen Obstbaum auf einem langlebigen Hochstamm kultivieren will, muss viele Informationen verarbeiten, Fragen aus verschiedenen Lebensbereichen stellen und beantworten: Kann der Baum hier wirklich 100 Jahre alt werden? Wie wird das Leben in der Nachbarschaft sein, welche Arten und Sorten stehen daneben? Wann werden meine Früchte reifen, wann soll geerntet, wie gelagert werden? Wie kann sich die Art und Sorte auf dem Standort gegen Schädlinge behaupten? Was muss beim Pflanzen beachtet werden? Was kann ich allein tun, wozu brauche ich Expert:innen, um die Reiser auf den richtigen Unterlagen veredeln können?

rona-Pandemie). Die Regionalgeschichte kennt interessante Personen und Orte, einige wollen wir hier nennen: Ferdinand Jühlke aus Barth (1815–1893) – Gartenbauer und Pomologe, beschrieb den Pommerschen Krummstiel, Franz Hermann Müschen und sein Sohn Johann Georg Bogislav – bekannt durch die nach ihnen benannte regionale Sorte Müschens Rosenapfel, waren im Pomologen-Verein engagiert. In Burg Stargard gibt es einen großen Gürtel Streuobst rund um die Burg, und die Stintenburg der Familie von Bernstorff oder der Doktorgarten von Teterow sind weitere Beispiele für Anlagen, für die ein Blick in die Regionalgeschichte lohnt.

Mit Streuobst in die Zukunft

Die Auszeichnungspraxis der UNESCO – also der Weltbildungs- und Kulturorganisation – ist eine wichtige Methodik, um traditionell bedeutsame Strukturen stark zu machen, zu zeigen und damit zum Nachahmen anzuregen. Begreifen wir die Aktivitäten der UNESCO als riesiges weltweites Beteiligungsprojekt, innerhalb dessen Menschen und Institutionen in den Ländern voneinander lernen, mehr noch: miteinander lernen, so wird deutlich, wie eine Auszeichnung in Richtung Zukunft zeigt. Aus der Geschichte haben wir gelernt, wie viel Anstrengung es bedarf, um Streuobstwiesen zu entwickeln. Lernen wir daraus für die Zukunft, wie eine intakte

Ein wichtiges Merkmal von Streuobstwiesen ist, dass alte und junge Bäume gemischt stehen. (Foto: Ulrike Gisbier)

Natur am Ende auch unsere Kultur des Obstbaus sichert. Die Streuobstbewegung macht uns vor, wie Menschen, die sich heute für den Naturschutz auf der Streuobstwiese einsetzen, gerade auch Gruppen und soziale Netzwerke vor Ort aktivieren, die dann Streuobstanlagen als Ganzes nutzen: für Obstproduktion, als Artenbiotop, als Erholungsplatz.

Bildnachweis:
Ulrike Gisbier

Schloss Lühburg (Foto: Martin Pannier)

André Adam

Die Frühjahrstagung
des MFP e. V. in Lühburg

Nach zweimaliger Terminverschiebung fand am 12. Juni 2021 endlich die Frühjahrstagung des MFP e. V. statt. An unserem traditionellen Tagungsort, dem Thünengut Tellow, konnten wir aufgrund der aktuellen Umstrukturierungen diesmal leider nicht tagen. Die Familie Calsow bot uns dafür auf Schloss Lühburg eine sehr attraktive Alternative mit viel Charme und Ambiente. Rund 40 Teilnehmer*innen erlebten eine der ersten Vereinsveranstaltungen nach dem langen Lockdown und nutzten die Tagung endlich auch wieder zur persönlichen Kontaktpflege.

Der Vormittag wurde für Fachvorträge und die Vorstellung unserer neugestalteten Homepage genutzt. Über „Führende Gruppierungen im spätmittelalterlichen Niederadel Mecklenburgs" berichtete uns im ersten Vortrag der Autor des gleichnamigen Buches Dr. Tobias Pietsch. Seine Auswertung tausender Urkunden aus mecklenburgischen Archiven zeigte einen direkten Zusammenhang zwischen der Bedeutungszunahme einzelner adliger Familien durch den Aufbau von Besitzkomplexen und deren Wirken als „Kriegsunternehmer" für die mecklenburgischen Herzöge. Im Anschluss daran brachte uns unser Mitglied Professor Wolf Völker auf sehr unterhaltsame Weise den „Beitrag von Ortschronisten für genealogische Forschungen" näher. Am Beispiel der sehr aktiven Arbeit in der Gemeinde Mühl Rosin wurde wieder einmal deutlich, welcher Informationsschatz für Familienforscher bei den Ortschronisten zu finden ist und wie sehr sich die Zusammenarbeit deshalb lohnt. In einem kurzen Impulsvortrag wurde dann durch Martin Pannier die mit Unterstützung der „Stiftung für Engagement und Ehrenamt" umgestaltete Vereinshomepage vorgestellt. Die neu geschaffene Datenbank „Forschungsergebnisse" soll sich zu einem Datenspeicher für die Arbeiten unserer Mitglieder entwickeln und diese in ansprechender Weise präsentieren. Alle Mitglieder wurden eingeladen, ihre Forschungsergebnisse hier zu sichern und zu veröffentlichen. Im abschließenden Vortrag „Die Familie von Hafften in Mecklenburg" stellte Dirk Schäfer weitere Aspekte seiner Forschungen zu Namensträgern der ursprünglich wohl niederländischen Familie vor.

Nach einem deftigen Mittagessen im Park führte uns Herr Calsow um das Schloss herum und berichtete über die Geschichte Lühburgs. Danach fuhren wir nach Basse, um dort die Kirche zu besichtigen. Andreas Parlow berichtete aus der Geschichte der Kirche. Den würdigen Endpunkt der Veranstaltung setzte dort Angela Ziegler, mit Begleitung von Frau Kraekel an der Orgel, durch die Darbietung einiger Gesangsstücke in dieser schönen Kirche.

Wir möchten uns bei allen bedanken, die an der Vorbereitung und Durchführung der Tagung mitgewirkt haben. Ein besonderer Dank geht an die Gastgeber, die Familie Calsow, die durch eine perfekte Organisation vor Ort und ihre Gastfreundschaft diesen Tag zum unvergesslichen Erlebnis machte.

Blick in den Tagungsraum (Foto: Andreas Parlow)

Bildnachweis:
André Adam

Mittagsrunde im idyllischen Schlosspark (Foto: André Adam)

BÜCHERTISCH

Eva-Maria Buchholz: Platt mit Plietschmanns

Seit dem Schuljahr 2017/18 ist Niederdeutsch in den Schulen in Mecklenburg-Vorpommern Unterrichtsfach und an sechs Profil-Schulen sogar Abiturprüfungsfach. Das Lehrbuch „Platt mit Plietschmanns" wurde seit 2019 in diesen Schulen erprobt und erscheint nun auf der Grundlage dieser Expert*innen-Erfahrungen in vollständig überarbeiteter Neuauflage.

Die Lehrbuchfamilie Plietschmann aus Rostock wird konsequent eingeführt. Papa Jens-Ole Plietschmann ist Lehrer, Mutter Charlotte arbeitet als Versicherungskauffrau, Tochter Ella (12) lernt an der Regionalen Schule und Sohn Jakob (16) am Gymnasium. Mit von der Partie sind auch die Großeltern Helga und Jochen Plietschmann aus Stralsund und natürlich der Familienhund Frodo, die wunderbare Katze Hermine und der freche Papagei Queenie. Alle Themen des Lehrbuches und alle Beispiele zur verschlankten Grammatik und für Übungen drehen sich um die Familie Plietschmann und ihre lustigen Haustiere. Die frischen, humorvollen Illustrationen von Silke Herr und das auf den neuesten Stand gebrachte Layout machen Lust aufs Blättern in diesem Buch.

Die Neuauflage enthält über 300, größtenteils ganz neu von Praktikern entwickelte, Einzel,- Partner- oder Gruppenaufgaben zum Üben und Wiederholen. Für den Einsatz zum digitalen Lernen ist die 2. Auflage fit gemacht durch einen Downloadbereich mit vielen Zusatzmaterialien. Alle Lektionstexte sind als Hörtexte mittels QR-Code per Smartphone sofort abrufbar.

Neu sind außerdem einige neue Texte und ein Kapitel zum Überprüfen des eigenen Lernfortschritts entsprechend der europäischen Könnensbeschreibungen zum Sprachenlernen. „Platt mit Plietschmanns", die Neuauflage ist ein Lehrbuch für Einsteiger ab Jahrgangsstufe 7, für Studierende, für die Weiterbildung für Fachkräfte in der Kindertagesstätte und interessierte Erwachsene.

Das Lehr- und Lernwerk ist angepasst an die Themen und Zielstellungen des geltenden Rahmenlehrplanes Niederdeutsch für die Klassen 7 bis 12. Die Orthographie folgt den Schreibregeln der Wörterbücher von Renate Herrmann-Winter. Auf Varianten wird eingegangen. Die Illustrationen und farbig gestalteten Sprüche machen Lust aufs Plattdeutschlernen mit den Plietschmanns.

Hohmann, Wolfgang; Herr, Silke: Platt mit Plietschmanns. Dat Plattdüütsch Liehrbuuk, 2. überarbeitete Auflage, Hinstorff Verlag, Rostock 2021, 256 S., durchgängig farbig illustriert, 25,00 €, ISBN 978-3-356-02370-1.

Hartmut Brun: Anschäten, Engel!

Die ersten plattdeutschen Arbeiten von Hanns-Eckard Sternberg erschienen im „Voß un Haas". Nun hat der Autor einen ganzen Band mit Texten zum Smüüstern un Hoegen vorgelegt. Dabei ist Sternberg unter Bücherfreunden kein Unbekannter. Der studierte Elektrotechniker, geboren 1940 in Hagenow und wohnhaft in Wandlitz bei Berlin, veröffentlichte zwischen 2010 und 2013 ein Kinderbuch, „Weihnachtliches von Schönwalder Künstlern und Autoren" sowie zwei Hefte mit „Episoden, Histörchen und Ereignissen aus Schönwaldes Geschichte".

Die neueste Edition, versehen mit einer Coverzeichnung von Uwe Gloede aus Kirchdorf auf Poel, vereinigt 32 Gedichte und Kurzgeschichten. In seinen Reimschwänken greift der Autor verschiedene Themata auf, wobei uns einige Sujets allzu bekannt vorkommen, etwa wenn er von Apteiker Swenn spricht oder von dem Hagenower Medizinalrat Heinrich Günter (1868–1933). Es hätte nicht geschadet, wenn der Schreibersmann einige Versschwänke etwas gestrafft hätte.

Ganz anders sieht es mit der Kurzprosa aus. Hier zeigt sich, dass Hanns-Eckard Sternberg ein vorzüglicher Erzähler ist. Sternberg, Mitglied des Bundes Niederdeutscher Autoren und Herausgeber der „Apporten" des Bundes, versteht es durchaus, spannend und unterhaltsam zu schreiben, etwa von der lispelnden Biggi und von der aus dem Ruder gelaufenen Biologiestunde in der Erweiterten Oberschule in Hagenow, vom Einkauf im Supermarkt, vom Backen in der Adventszeit, vom Weihnachtsbaum-Klau, vom Karpfenschlachten zu Heiligabend und, und, und …

Sternberg, Hanns-Eckard: Anschäten, Engel! Wat taun Smüüstern un lütt bäten wat taun Hoegen, Books on Demand, Coverzeichnung Uwe Gloede, Norderstedt 2020, 80 S., 5,99 €, ISBN 9783751931465.

Reno Stutz: Güstrow – Jahrbuch 2021

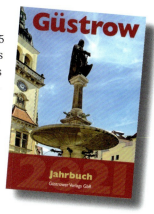

Seit 1993 erscheint alljährlich das Güstrower Jahrbuch. Ein Blick in das Inhaltsverzeichnis der fast immer 300 seitenstarken Bände ruft sofort Erstaunen hervor: Welch eine Vielfalt an historischen Themen sowie zeitgenössischen Porträts. Einen schnellen Überblick darüber gibt die Internetseite: www.jahrbuch-guestrow.de

Auch der hier anzuzeigende Band 2021 macht dahingehend keine Ausnahme. Je mehr man sich in das allein fünf Seiten umfassende Inhaltsverzeichnis vertieft, desto weniger kommt man aus dem Staunen nicht mehr heraus: 61 Beiträge von mehr als 50 Autoren*innen.

Angesichts des prallen Angebots an interessanten Texten fällt es schwer, einzelne Artikel herauszuheben. Sich des subjektiven Charakters der nachfolgenden Auswahl bewusst seiend, sei aus Sicht des Rezensenten auf die Aufsätze hingewiesen, die sich mit der Befreiung Güstrows im Mai 1945 befassen. Und um es mit den Worten des ehemaligen Bundespräsidenten Richard von Weizsäcker zu sagen: Ja, der 8. Mai 1945 war ein Tag der Befreiung von dem menschenverachtenden System der nationalsozialistischen Gewaltherrschaft. Für die meisten Deutschen war der 8. Mai allerdings kein Tag zum Feiern. Für uns heute sollte er ein Tag des Erinnerns und ein Tag des Nachdenkens über Geschichte sein.

In diesem Sinne liefern die Beiträge von Bärbel Blaschke-Kovalevski, Michael Krull und Sabine Moritz sowie Friederike-Christiane Neubert wichtige Informationen. Angesichts des erbitterten Streits um die aktuelle Deutungshoheit eines 75 Jahre alten historischen Ereignisses – die Befreiung, Besetzung oder kampflose Übergabe Güstrows durch die Rote Armee – und die Bewertung der daran beteiligten Protagonisten sind die Artikel von besonderer Bedeutung. Denn Historiker waren, sind und werden immer Bestandteil einer normierten Geschichtskultur sein und dementsprechend Quellen und Ereignisse werten.

Lesenswert ist aber auch der geschichtliche Abriss der Güstrower Konservenfabrik. Insbesondere die Fotos lassen einen typischen DDR-Betrieb lebendig werden. Und wenn man dann noch den Beitrag einer „alten" Kommilitonin aus Rostocker Studienzeiten über die Erforschung der Siedungsgeschichte Mecklenburgs liest, gibt es nur ein Fazit: Besorgen Sie sich den Band! Sie werden es nicht bereuen! Und wenn sie in Güstrow oder in der Umgebung wohnen oder wohnten, sollten die Güstrow-Jahrbücher in Ihrem Bücherregal stehen.

Güstrow. Jahrbuch 2021, hrsg. von Friederike-Christiane Neubert, Güstrower Verlags GbR, Güstrow-Zehna 2020, 304 S., zahlr. Abb., 7,90 €, ISBN 978-3-00-067269-9.

BÜCHERTISCH

Peter Starsy: Die Lübzer Bürgermeister

Seit dem Mittelalter standen in Städten Mecklenburgs und Vorpommerns ein oder mehrere Bürgermeister an der Spitze des Stadtrates (Magistrats) als wichtigstem Organ kommunaler Selbstverwaltung der Bürgerschaft. Bürgermeister zählten damit zu den ranghöchsten und für die Ortsgeschichte wichtigsten Amtsträgern einer Stadt. Sie trieben örtliche Entwicklungen mit mehr oder weniger großem Engagement voran und hinterließen auch in der Außenwirkung einer Stadt oftmals bleibende Spuren. All das gebietet es Ortschronisten geradezu, die biographische Spurensuche nach einstigen Bürgermeistern des Ortes aufzunehmen mit dem Ziel, mehr als nur eine Liste von Namen und Amtsdaten zu erreichen. Gerade ein erweiterter Fokus führt gewöhnlich auch zu Erkenntnisgewinnen über die Geschichte der eigenen Stadt.

Dieter Garling, der seit vielen Jahren genealogisch unterwegs ist und dem Lübz ganz besonders am Herzen liegt, hat für diese Landstadt gerade ein bemerkenswertes Bürgermeisterheft vorgelegt. Anknüpfend an ältere Publikationen bearbeitet er darin in chronologischer Folge Name für Name, spürt dabei biographischen Details nach, ergänzt das eine oder andere Porträt (wofür die Vorlagen leider nicht immer optimal waren) und bemüht sich auch um das Familienumfeld des Bürgermeisters, um Angaben zu Eltern, Ehefrau(en) und Kindern. Durchwebt ist dieses biographische Lexikon von Lübzer Amtsträgern von Annotationen wichtiger Ereignisse der Stadtgeschichte. Beigegeben sind Listen weiterer Stadthonoratioren sowie Bürgerrepräsentanten und Stadtverordneten. Ein Kapitel über Rathäuser in Lübz fehlt ebenso wenig wie ein Namensregister und Nachweisungen von Abbildungen, Quellen und Literatur. Entstanden ist ein Heft, das allein mit seinen knapp 500 Fußnoten beeindruckt. Wer es haben möchte, und sei es nur als Anregung für eigene Forschungen, sollte es bei Dieter.Garling@MFPeV.de ganz schnell bestellen.

Garling, Dieter: Lübz – die Bürgermeister, Selbstverlag, Berlin 2020, 88 S., Softcover, 5,00 €, ohne ISBN.

Rolf Seiffert: „Gib dich aus Händen" – ein Friedrich-Schult-Porträt

Neu im Angebot der Güstrow-Information und der Barlach-Museen Güstrow ist ein dokumentarisches Porträt, das die vielseitige Persönlichkeit von Friedrich Schult (1889–1978) abwechslungsreich widerspiegelt.

So steht nicht nur der Vertraute und Nachlasspfleger von Ernst Barlach, der Retter seines Werkes 1945 im Fokus, sondern auch der Zeichenlehrer, Künstler, Lyriker und – starke Raucher. Dessen sicher diskussionswürdige Rolle bei der Sanierung der Gertrudenkapelle wird ebenso dokumentiert wie sein problematisches Verhältnis zu Barlachs Lebensgefährtin Marga Böhmer.

Ein besonderes Verdienst der Herausgeberin Barbara Möller ist der Umstand, dass ihr der Kontakt zu Anke Goetz in Virginia (USA) gelang. So fanden auch die Erinnerungen dieser ältesten Enkelin von Friedrich Schult Eingang in das Porträt. Vorgestellt werden außerdem Fundsachen aus einstigen nicht realisierten Buchprojekten.

„Gib dich aus Händen" – der Titel der 56-seitigen, in der Goldschmidt GmbH Schwerin gestalteten Broschüre ist einem Gedicht von Friedrich Schult entnommen. Vorlage für die Einbandgestaltung war der Türklopfer des Güstrower Doms.

BÜCHERTISCH

Möller, Barbara: „Gib dich aus Händen" – ein Friedrich-Schult-Porträt, Goldschmidt GmbH, Schwerin 2020, 56 S., 15 €, ohne ISBN.

Wolfgang Steusloff: Seemannsjargon

Von A wie „Artur's Weisheitszahn" (steinernes Kunstwerk) vor der „Faultierfarm" (Verwaltungsgebäude) bis Z wie „zweite Reederei-Uniform" (Bluejeans, westlicher „Deutschlandgürtel" und Khaki-Hemd) der „DSR-Sailors", und von A wie „abgefischt" (dienstmüde) bis Z wie „zuscheißen", womit die „Lords" auf den Fang- und Verarbeitungsschiffen des Rostocker Fischkombinates das Beliefern ihrer „Verarbeitung" mit Fisch meinten, dokumentiert dieses maritime Wörterbuch das letzte Kapitel der deutschen Seemannssprache, die aus der weltweiten Handelsschifffahrt inzwischen vollständig verschwunden ist – auch von Bord der Schiffe, die noch unter deutscher Flagge fahren.

Zum Inhalt gehört „nur" der neben dem offiziellen Fachwortschatz gebräuchlich gewesene Jargon, der in Lexika und Lehrbüchern nicht zu finden ist. Sein Bestand an Wortschöpfungen, -übertragungen, -verdrehungen und -kürzungen wie auch bildhaften Vergleichen und Verballhornungen widerspiegelt eindrucksvoll die Absicht, spöttisch abwertend oder scherzhaft zu kritisieren, humorvoll Angenehmes und Erfreuliches zu werten sowie pragmatisch sprachliche Vereinfachung und Prägnanz anzustreben. Die sozialen, wirtschaftlichen und politischen Verhältnisse jener Zeit sind dabei als gesellschaftlicher Rahmen nicht zu übersehen.

Das Buch enthält 950 thematisch geordnete und kommentierte Wörter und Wendungen, 40 Sprüche und Reime sowie ein Register. Es kann bei der Rügen-Druck GmbH, Circus 13, 18581 Putbus/Rügen, Telefon 038301/8060, Mail: verlag@ruegen-druck.de bestellt werden.

Steusloff, Wolfgang: SEEMANNSJARGON in der Rostocker Handelsschifffahrt und Hochseefischerei 1950 – 1990. Ein maritim-volkskundliches Wörterbuch, Rostock 2021, 136 S., 14,90 €, ISBN 978-3-949584-00-8.

Florian Ostrop: Riesen, Zwerge, Fabeltiere

Mutige Kinder, brotdumme Bösewichte oder auch Kanonenkugelkegeln – Mecklenburgs Sagenwelt hat es wirklich in sich. In fröhlichen Texten erzählt dieses Buch 30 der besten Sagen aus dem wunderbaren Land zwischen Schaal- und Tollensesee. Sieben davon sind aus dem Hochdeutschen auch ins Mecklenburger Platt übersetzt und entfalten besondere Zauberkraft ...

Die durch den Legenden-Forscher Dr. Hartmut Schmied aus Rostock geschriebenen Texte eignen sich zum Vorlesen für Kinder ab fünf und zum Selbstlesen ab acht Jahren.

Die 31 ganzseitigen Farbillustrationen und 15 kleinere Abbildungen in Schwarzweiß stammen aus der Hand der Güstrower Grafikerin Andrea Sommerfeld. Das Buch enthält auch viele Tipps für Erwachsene, die Kinder professionell oder in der Familie für Sagen begeistern möchten.

Erhältlich ist das Buch in der Stiftung Mecklenburg, Schliemannstr. 2, 19055 Schwerin, Tel. 0385/77883820, per Mail an info@stiftung-mecklenburg.de oder unter https://stiftungmecklenburg.de/publikationen/shop.

Schmied, Hartmut: Riesen, Zwerge, Fabeltiere. Sagen aus Mecklenburg für Kinder, illustriert von Andrea Sommerfeld, callidus-Verlag, Wismar 2020, 86 S., 12 €, ISBN 978-3-940677-05-1.

Herausgeber:
Heimatverband Mecklenburg-Vorpommern e.V.

Der Heimatverband Mecklenburg-Vorpommern e.V. ist der Dachverband aller, die in Mecklenburg-Vorpommern Heimat haben oder Heimat suchen.
Sie erfahren mehr über die Verbandsarbeit auf der Webseite https://www.heimatverband-mv.de.

Wir laden Sie herzlich ein, Mitglied im Heimatverband MV zu werden oder gemeinsame Projekte der Heimatpflege umzusetzen.
Wenden Sie sich dafür an die Mitarbeiterinnen in den Geschäftsstellen: Schwerin: Dr. Anna-Konstanze Schröder, 0385/5777 5711, schroeder@heimatverband-mv.de
Ferdinandshof: Dr. Karola Stark, 039778/286352, stark@heimatverband-mv.de

Wenn Ihnen die Lektüre gefallen hat, dann unterstützen Sie unsere Arbeit durch eine Spende oder durch ein Abo.
Spendenkonto:
Heimatverband Mecklenburg-Vorpommern,
IBAN: DE03 1405 2000 1711 4215 50, Sparkasse Mecklenburg-Schwerin

Einzelhefte oder Abonnements erhalten Sie in der Schweriner Geschäftsstelle.
Ansprechpartnerin ist Anne Lambrecht:
Heimatverband MV, Mecklenburgstr. 31, 19053 Schwerin, 0385/57773713; lambrecht@heimatverband-mv.de.

Die Zeitschrift ist ab der Ausgabe 2/2017 erhältlich. Das Einzelheft der Jahrgänge 2017 und 2018 kostet 8 €, zzgl. 1,50 EUR Versandkostenpauschale pro Heft. Die Hefte der Jahrgänge 2019 bis 2023 sind kostenlos. Die Versandkostenpauschale pro Heft beträgt hierfür 3,50 €.

Die Ausgaben ab Heft 1/19 bis voraussichtlich 2/23 werden gefördert mit Mitteln des Strategiefonds des Landes Mecklenburg-Vorpommern.

Die Zeitschrift erscheint seit 2017 in zwei Ausgaben pro Jahr, seit 2019 in einer Auflage von 10 000 Exemplaren. Die Beiträge werden von den Autoren verantwortet. Sie geben nicht die Meinung der Redaktion wieder. Einsendeschluss ist für das Frühjahrsheft der 1. Oktober und für das Herbstheft der 1. Mai.

Redaktion: Hartmut Brun (Polz), Dr. Martin Buchsteiner (Nienhusen), Dr. Cornelia Nenz (Neustrelitz), Karl-Ludwig Quade (Schwerin), Dirk Schäfer (Berlin), Dr. Anna-Konstanze Schröder (Klein Zetelvitz), Dr. Karola Stark (Ueckermünde), Ulrike Stern (Schwerin)

Lektorat: Dr. Antje Strahl
Redaktionsleitung: Dr. Reno Stutz, Seelöwenring 14a, 18059 Rostock, reno.stutz@gmx.de

Cover: Blick vom Schweriner Fernsehturm auf das Neubaugebiet „Großer Dreesch" (Foto: Volker Janke)

In eigener Sache: Aufgrund redaktionstechnischer Veränderungen werden die Beiträge von Uwe Wieben und Reno Stutz im Heft 1/2022 erscheinen.

Errata: Bedauerlicherweise ist der Redaktion im letzten Heft ein Fehler unterlaufen. Der Text (Karte Nr. 2, S. 9) beginnt in der rechten Spalte, letzter Absatz, S. 9. Der Text (Karte Nr. 8, S. 14) beginnt auf der S. 15, l., 2. Zeile.

Die Deutsche Nationalbibliothek verzeichnet diese Publikation in der Deutschen Nationalbibliografie; detaillierte bibliografische Daten sind im Internet über http://dnb.de abrufbar.

Alle Rechte vorbehalten. Reproduktionen, Speicherungen in Datenverarbeitungsanlagen, Wiedergabe auf fotomechanischen, elektronischen oder ähnlichen Wegen, Vortrag und Funk – auch auszugsweise – nur mit Genehmigung des Verlages.

© Hinstorff Verlag GmbH
Lagerstraße 7, 18055 Rostock
Tel.: 0381/4969-0
www.hinstorff.de

1. Auflage 2021
Herstellung: Hinstorff Verlag GmbH
Druck und Bindung: optimal media GmbH
Printed in Germany
ISBN 978-3-356-02381-7